命みがいて百歳

三宅邦夫
山崎治美

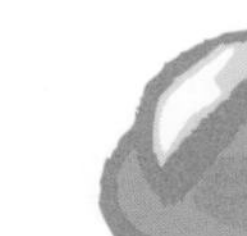

ゆいぽおと

命みがいて百歳　もくじ

Ⅰ　遊びはオール世代の宝……5

II　まだまだ死ねんぞ……61

I

遊びはオール世代の宝

私は戦争の生き残りです

自宅の庭でブーゲンビリアが、今年も赤く燃えるように咲いている。私には、ブーゲンビリアに忘れられない思い出がある。

太平洋戦争が始まってまもなく、私は陸軍現役飛行整備兵、三宅二等兵として昭和十八年三月から終戦までフィイリピンやニューギニアなどを転戦。出征したニューギニアの飛行基地で、五月《さつき》の花が南方の島にも咲くのかと感激していたら、戦友が「この花はブーゲンビリアだ」と教えてくれたのだ。

整備兵として特攻機の胴体に二百五十キログラムの爆弾を取り付ける作業などをした。しかし戦況は悪化し、マラリアや飢え、空爆などによって多くが戦死した。行軍中に行き倒れた兵士をたくさん見た。食べ物がなく、カタツムリを食べたこともあった。サルを殺して皮をはいで担いで行く。それが赤ん坊に見えた。

昭和十九年秋、離島へ移動するため搭乗した爆撃機が、離陸途中に滑走路で横転。私は全身を強打して血まみれの重傷を負い、一時意識不明に陥った。現地には病院がなく、薬品も不足していたので手当てもできない状態でマニラの病院に送られ入院した。そこにはアメリカの潜水艦に撃沈された船に乗っていた傷病兵が多数収容されていて、目を覆うほどだった。

ほとんど死ぬかと思うような容態から脱して三か月後に退院できたのは、懸命に治療に当たっていただいた病院関係者の賜物だったのではないかと、未だしきりに感謝だ。その病院のそばでは、ひもじい子どもたちがたむろしていた。男の子はたばこをぷかぷかとふかし、女の子が売春のための手招きをしていて、こうでもしなければ生きられないあどけない子どもたちの光景は、のちに私の一生を左右することになった。

終戦の翌年四月、マラリアによる高熱にうなされながらも命からがら日本の土を踏んだのは、広島の大竹港だった。原爆が落とされ廃墟となった広島の街で、ぼろぼろの服をまとい物乞いをしたり、たばこをくわえたりした浮浪児が目に飛び込んできた。マニラで目にした悲惨な子どもたちの姿と重なった。戦

争に負けるとはこういうことなのか……。子どもたちが悪いのではない。子どもたちに笑顔を取り戻さないといけない！　子どもたちを輝かせるには〝遊び〟だと直感した。私の生涯の務めは、子どもたちに遊びを普及することだと決めたのは、このときだった。

そして、鉢植えのブーゲンビリアを育て、冬には鉢を小さな温室に移して、毎年深紅の花に合掌して、亡き友をしのび、今なお長らえている生の恵みに感謝して、平和を守ると誓っている。

五メートルの生と死

我が家の頭上を空高く飛んでいく飛行機の爆音を耳にすると、反射的に音のする方を仰いで、目を凝らし、耳を澄まし、機影が見えなくなるまで追い続けてしまう。飛行機の音響で、私は辛く悲しい戦争体験に引き戻される。

私は、昭和十八年にフィリピンのマニラからはるか南方のニューギニアのジャングルに囲まれた小さな島の飛行場に整備兵として配属された。マニラから移動して三日目に空襲にあった。ジャングルの林の中に逃げ込んだ。飛行場に爆弾が破裂して大きな穴が三つもできていた。整備兵たちは力を合わせて、トラックに積んだ石や土を穴に埋める作業をした。飛行場の整備が終わると、米軍の夜間爆撃が始まった。またジャングルに逃げた。ゆっくりと体を休められない。夜が明けると移動を開始した。飛んできた日本軍の戦闘機を整備して、前戦へ送った。ニューギニアでは、息つく暇もないほど苦しく緊張の連続だった。

ある日、戦闘機に燃料を補給していると、急にサイレンが鳴った。操縦士は機上に、二人の整備兵が出発に加勢した。プロペラが回転しだした。耳をつんざくような爆音になって、出発準備完了！の合図をした。戦闘機は急上昇した。私は飛行場を心臓が飛び出るぐらい必死に走って、走って窪みに伏せた。私の二十メートルほど前方に爆弾が落ちた。走っていたもう一人の整備兵は、直撃弾を受けて吹っ飛んだ。

しばらく前まで言葉を交わしていた戦友が、私の目の前で命を落としたのだ。私と彼とは五メートルほどの距離しかなかった。五メートルが生と死を分けたのだった。

人生老いてから

百歳まで生きると、存命の戦友はもういない。日本から戦地に向かう運搬船の甲板で撮った十五人の仲間とのたった一枚きりの集合写真を、一年ごとに新調する手帳に貼ったり剥がしたりを繰り返しているうちにとうとうよれよれの写真になってしまったので、七、八年前からコピーした写真を手帳に貼り換えている。コピーを繰り返しているうちに、戦友の顔もぼやけてしまっている。戦地での配属先がばらばらで、ほとんどの人とは再会することがかなわなかった貴重な写真だ。亡き戦友が私を見守り支えてくれているのだと、片時も肌身離さず大切に持ち歩いている。

今ある自分は、亡き戦友の身代わりだと片時も忘れないで、一に健康、二に健康、三も健康と老いの身に気合いを入れて、話がくどくなっても、ボケが進んだと気づかれても、よぼよぼになっても、老害と思われようが、今更潮時だなんて格好づけなどしないで、醜態をさらけ出して思い残すことなくずうずうしく死ぬまでの人生を全うしていこうと思っている。世間体を気にして引きこもれば脳も体も劣化がスピードアップするだけなのだ。

戦友から預かった命だからこそ、年齢を重ねればこうなるんだと我が生き様をさらけだして生ききることが、人生百年時代という超長寿社会を当たり前のようにして生きる後輩へのメッセージにもなるかもしれないと思ったりもしている。

ああ、十年ほど前に逝ってしまった太平洋戦争の生き残りだった京都の戦友K氏が健在だったとき、月に二、三回近況の手紙を送ってくれていた名筆の中にあった「人生老いてから」が、私への生き方の教えとなっている。

マニラに向かう輸送船の甲板で　矢印が私

人生老いてから

年を取ったら出しゃばらず
憎まれ口や泣き言や
人の陰口　愚痴をやめ
他人のことは褒めなはれ
聞かれりゃ教えてやりゃええが
知ったかぶりはあきまへん
いつでも阿呆で居るこっちゃ
勝ったらあかん負けなはれ
いずれはお世話になる身だす
若い者には花持たせ
一歩下がって譲るんや
いつでも感謝を忘れんと

何言われよとヘエおおきに
昔のことは持ち出さず
自慢話はしなはんな
わてらの時代はもう済んだ
なんぼ頑張り力んでも
体が言うこと聞きまへん
あんたは偉い　わてゃあかん
そんな気持ちで暮らすんが
円く治まるコツだっせ
お金の欲は捨てなはれ
なんぼゼニ・カネ貯めたとて
死んだら持って行かれへん
あの人ええ人やったなと
人の惜しみを買うくらい
生きてるうちにバラ撒いて

山ほど徳を積みなはれ
そやかて　それも程々に
程よいゼニは離さんと
死ぬまで握っているこっちゃ
人からケチやと言われても
金が有りゃこそ大事にし
ベンチャラ言うてもくれるんや
吾が子や孫や世間から
みんなに好かれ慕われる
ええ年寄りに成りなはれ
ボケたら仕舞いや　そやよって
ちょいちょい頭は使いまひょ
一つや二つは趣味を持ち
楽しう長生きしなはれや

三宅おじさんの「泣いた夏みかん」

子育て中のお父さん、お母さんや子どもたちへの講演のなかで、夏みかんを手にして、私の昔々のお話をよく語ってきた。

「三宅おじさんは、昔々、兵隊さんでした。

日本から遠く離れた南方のボルネオ島で、飛行機を整備したり、飛行機に爆弾を取り付けたりする兵隊さんでした。

ボルネオ島ケニンガウの飛行場では、最後まで残った一機の特攻機に爆弾を取り付けました。『出発準備完了!』と合図を送ると、その特攻機を操縦する兵隊さんは『出発します。おふくろー! おかあさーん!』という声を残して、夕空のかなたへ飛び立っていきました。特攻機は、二度と戻ってきませんでした。

それからしばらくして、日本が戦いに負けて、ボルネオ島から日本に引き揚げることになりました。

食べ物が乏しくて、多くの兵隊さんは、衰弱しきって病気になってしまいました。

マラリアという高熱病にうなされて、輸送船の中でも次々と亡くなりました。亡き骸は毛布にくるまれて、海に沈められました。葬るたびに、船はボーと汽笛を鳴らして、一回、二回、三回と旋回しました。三宅おじさんたちは、日本にいるお父さん、お母さんに再会するまでは、絶対に生きてがんばろうと誓い合いました。

ボルネオを出港して、二週間ほど経った日のことでした。

三宅おじさんが三十九度という高熱で寝込んでいると、甲板から『おーい、日本だ！　九州だ！……四国だぞ！』と兵隊さんたちの絶叫が聞こえてきました。三宅おじさんがふらふらしながら甲板に上がると、松林や家並みが目に飛び込んできました。

その時でした。小舟を漕ぐおじいさんが『兵隊さーん、ご苦労さんでしたー』と声を張り上げてくれました。一緒に乗っていた娘さんも『兵隊

さーん、夏みかんを食べてくださーい！』といくつもの夏みかんを、甲板めがけて投げてくれました。夏みかんはボトンボトンと波に呑み込まれていきました。そのうちに、一人の兵隊さんが必死になって一個の夏みかんを受け取って『おーい、日本の夏みかんだ！　日本に着いたぞ！』と大声で叫んだのです。甲板にいた兵隊さんたちはお互いの手を握り合ってむせび泣き、涙の合唱が瀬戸内海に響きわたったのでした」

真剣な眼差しで聴いて目頭を熱くしてくださったお父さん、お母さんにつられて、手に持っていた夏みかんも、三宅おじさんの涙でぬれていたのだった。

健康長寿は〝食〟にあり

戦時中飛行兵だった私は、浜松や各務原の飛行隊で訓練を受けて、フィリピン、ニューギニア、モルッカ諸島、ハルマヘラ、セレベス、ボルネオと転戦した。大半の戦友は、空や海で、また高熱病などで亡くなった。

ニューギニアの航空基地にいたとき、煙草好きの戦友は配給された煙草がなくなると、紅茶の残葉を古紙に巻いて吸っていた。「紅茶は辛い」と口にくわえて喉を痛め気管支を患った。転進してボルネオの奥地の部落にいたとき、酒好きの戦友は現地人と物々交換した、タパイというどぶろくを飲んでいた。日本に復員してまもなくして肝炎などで亡くなった仲間がいたが、友人の医師は戦地で飲んだ酒も一因だったのではないかと推察していた。

私は、もともと酒や煙草を受け付けない体質だったので配給された煙草は、現地の人たちからバナナやパパイヤ、マンゴーなどの果物と交換してもらうことができた。またマニラではオートミールを食べることもできて、復員後しばらくして名古屋市内の明治屋で思いがけずオートミールの缶詰に目が留まり早速購入し、以来今日まで朝食に欠かさず食べていて、便秘になりにくいのもオートミール様々だ。マラリアを患って三十九度の高熱にうなされながらも生還できたのは、神様の思し召しもあるが辛うじて飢えを凌げたからではないかと、オートミールを口にするたびに感謝している。

我が家には小さな庭があるが、数年前までは、畑に変えて、旬の野菜作りを、翌日に疲れを残さない程度にほそぼそとやっていた。農協へ種や苗を買いに行き、土を掘り起こし蒔いたり植えたり水をやったり……。手間がかかるがけっこう面白くて楽しい。我が子ならぬ我が野菜の成長ぶりにワクワクして、太陽を浴びながら鍬を振る。芽吹いて育ってくると、それぞれの野菜からエネルギーが溢れ出てくる。たくましく生育するようにと肥料加減にも気配りして、全身運動にもストレス解消にもなる。収穫時には食べる量だけ採って新鮮なままほおばるのは、最高の贅沢だ。食することの有難さが、畑作業をすればこそおのずと湧いてくる。戦時中ひもじい体験をしたからなおさらだ。庭の片隅の夏みかんや柿の木も私の健康を支えてくれている。時季が来るとどこからか鳥が飛んできて、食べ頃を教えてくれる。鳥がついばんだ柿は、とくに甘くてうまい。食後は必ず果物を食べないと食事が終わった気がしない。

私にとって〝手は体の外の脳、足は体の外の心臓〟と思って気まぐれな畑作業をしていたが、実は土が私を生かしてくれていたのだと、今頃になって気づいた。

旅は味の文化

旅は私の生活である。旅は食文化探検であり、日本の昔を味わう楽しみ、新しい味を知る旅でもある。

中山道、中津川と恵那路では、私の好物の〝ごへい餅〟を味わうことができる。中津川と恵那ではそれぞれの土地の味があり、店によっては、みそだれの中に落花生を、ある店ではくるみを、ある店ではごまを入れる。それぞれ味自慢が看板である。

ごへい餅は炭火で焼きたての熱いのを食べるとおいしい。ほどよく焼けた香ばしさが、このごへい餅の〝うまさ〟である。私も年に二、三度はごへい餅を求めて恵那路を訪れる。初夏に山畑で採れた〝山椒の若葉〟を餅の上にのせると、香りが季節を楽しませてくれる。

中山道の旅では、名古屋のういろに似た〝からすみ〟がある。米の粉に黒砂糖やお茶などを入れてよく練って蒸した餅菓子である。それと、季節の菓子では栗きんとんや栗むし羊かんが私の大好物である。

私の友人のK氏は〝ほう葉寿司〟の名人である。初夏にほうの木の葉が大きく育ち緑が濃くなったときに、大きなほう葉の上に寿司米を一握り、その上にしいたけや季節の山菜に味をつけてのせる。ほう葉でしっかりと包む。二、三時間して食べると、ほう葉の香りがプンとただよって、口に感動を与えてくれる。このほう葉寿司は、中山道、恵那路から飛騨の一部の田舎料理である。

季節を食べながら恵那山を見る。緑の深い山が、その昔映画「青い山脈」のバックになったことを思い出す。

恵那路の美しき川は、付知川である。裏木曽の深山から谷をぬって水の音楽を流している。この付知川が木曽川にそそぐ谷に、名古屋の子どもたちがキャンプを楽しむ野外活動センターがある。

先代の井上ゴムの社長さんが、都会の子どもに自然教育の場をと、寄付された土地である。

都会の子どもが、四季を通して野外活動センターを訪れる。初夏は山菜を摘み、真夏は付知川で泳いで小魚と遊び、美しい流れの中で水しぶきをあげる。秋には栗を

拾い、なかにはきのこを採り、紅葉の深まりを絵に描く。

この自然道場作りは、当時の中津川市長の西尾彦郎先生（現西尾名古屋市長のご尊父）と、地域の指導者水野勝郎さんの協力の賜物でもある。

私はごへい餅をほおばり、からすみを口に運ぶと、彦郎先生が眼に浮かんでくる。青い山脈を歌うと、恵那山が戦後に明るさを与えてくれたことに併せて感謝する。

付知川が木曽川と合流して、青い恵那峡の美観を創る。私は幼少時に初めてアメリカ人に会った。このアメリカ人技師が、大井ダムを造る助言者であった。

私の故郷は、昔の中山道大井の宿場であった恵那市である。

私がおいしい水道水を口にするとき、幼き日に出会ったアメリカ人を思い出し、自然と遊び戯れた子どもの頃を思い出す。古い宿場の跡を見ると、故郷の味のごへい餅が食べた

くなる。
ごへい餅は、孫たちも大好き、伝承したい日本の味である。

（「とうかい食べあるき」　北白川書房　一九九六年五月）

戦友への鎮魂歌

私の青春時代は、戦時一色だった。昭和十八年に全国から召集された三百名ほどの陸軍航空教育隊員の一人として、茨城県稲敷郡満蒙開拓団内の日輪兵舎で十日ほどすごした後、水戸から覆面列車で広島へ移送されて、宇品港から最初の戦地フィリピンに配属された。そしてニューギニアなど南方の島々を転戦し、私も飛行機事故で命拾いするほど、飛行兵は死を覚悟せねばならなかった。

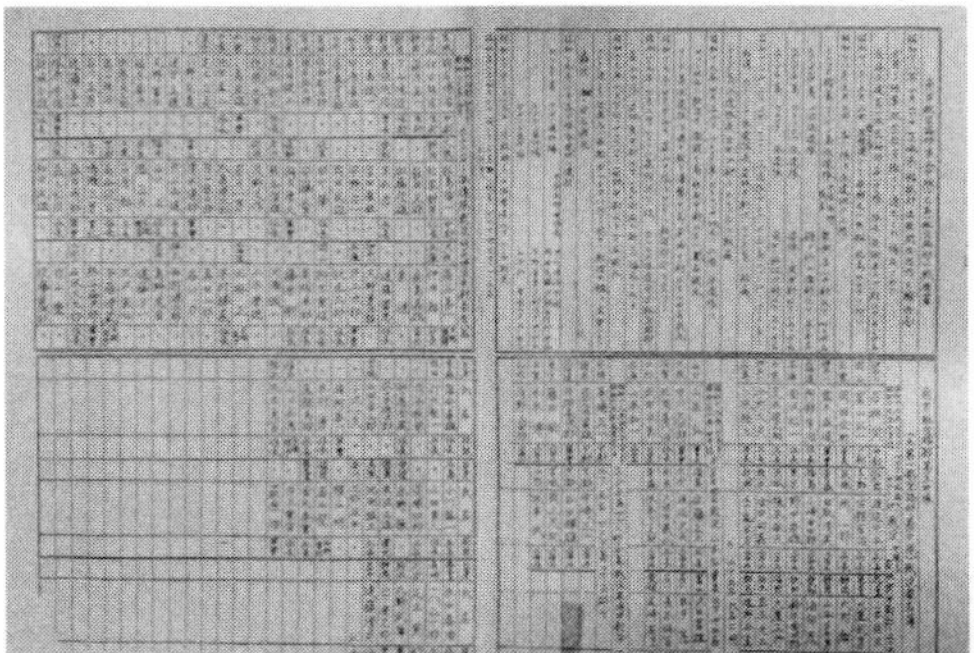

リュックサックに入れていた戦死した仲間の名簿

隊員のなかではよく「飛行機乗りにはお嫁にゃやれぬ、やれぬ娘はいきたがる、どんとね〜」と歌ったものだ。終戦まもなく復員できた戦友はわずか、帰還できなかったり夢を果たせなかったりした仲間への供養であり使命と思って、戦死した仲間の名簿と日本から戦地へ向かう運搬船の甲板で戦友と撮った写真を入れたリュックサックをしょって出かけたりしていた。私が平穏でいられるのも、リュックの中から仲間が見守ってくれていたからにちがいない。

そして、子ども時代に戦争を体験した高齢の方々への講演会に出かけると、しばしば、リュックの中の戦友への鎮魂も兼ねて、唱歌「戦友」を参加者に歌っていただいたものだ。

「ここは御国を何百里
離れて遠き満州の
赤い夕日に照らされて
友は野末の石の下……」

この「戦友」は長らく軍歌だと思い込んでいたが、子

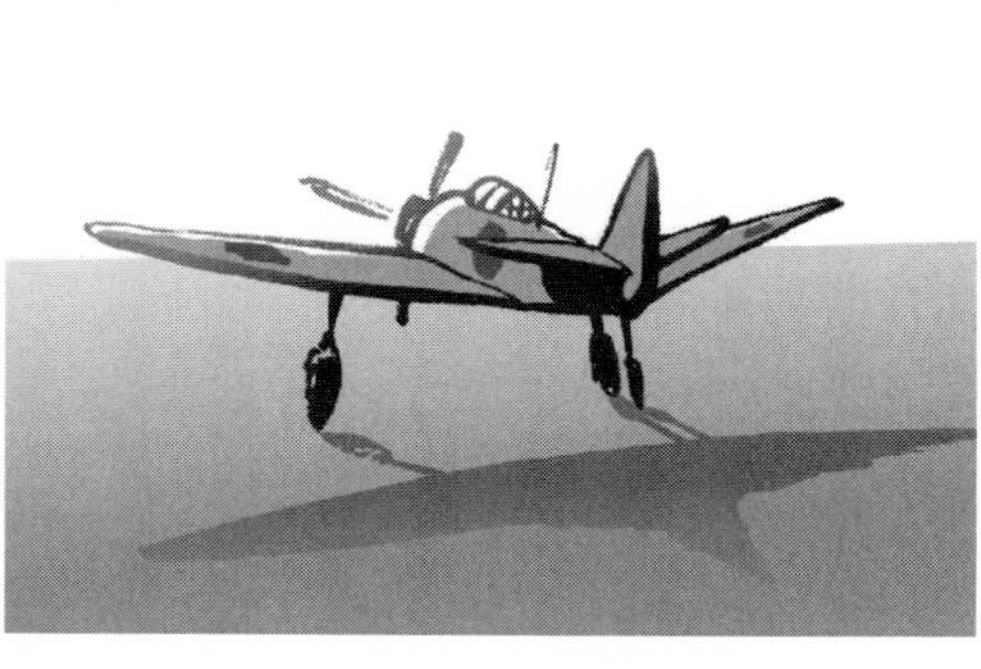

どもたちのために作られた唱歌だったと後々に知った。小学校の校長を務められた真《ま》下飛泉《しもひせん》先生が、日露戦争から帰還した夫人の兄から聞いた話をもとにしたという十四編もの長い物語詩なのだ。作曲は、中学校の音楽教師で後に宝塚少女歌劇の専属作曲者となられた三善和気《みよしかずおき》先生だったとは……。

戦場へ向かう船で偶然に出会った二人の、深い友情と生死を分けられて哀惜の念にたえないこの唱歌「戦友」は、かつて学芸会などでよく歌われ、保護者たちは感涙にむせんだそうだ。そして長きにわたって歌い継がれてきたことに感動を覚えたが、今ではもう大半が歌えない世代ばかりになってしまった。

うたは心のふるさと

私は小豆もちが大好きだ。いつ頃だったか長崎県の五島列島へ行ったとき、名物かんころもちを買おうと土産屋へ入ったら、椿油に目が留まった。瞬間ポッと母が眼に浮かんだ。母はいつも髪に椿油をつけていた。

私の母は、八十九歳まで生きた。晩年の四年間は認知症で、同居の弟夫婦が献身的に介護してくれた。弟は故郷の市役所で福祉の責任者、お嫁さんは保育園を早期退職して母の面倒を見てくれた。母はリュウマチで歩くことが困難になってから認知症が進んで、急に家を飛び出したり意味不明なことを言ったりと、弟夫婦を悩ませた。そんな母もたまには、電車を乗り継いで名古屋の我が家へやってきた。楽しく会話が弾んで一泊すると言いだしてまもなく、「ここはどこだ?」「お前はだれだ?」とぶつぶつ言い出して、目を放した隙に家を飛び出してしまった。慌てふためいて、弟の住む田舎までタクシーで帰すことになった。車窓から覗く見慣れた田舎の風景を目にし、澄んだ空気を吸い込むと、母の不安そうな顔は霧が晴れるように明るくなって穏やかになった。ふっと、私が子どもの頃を思い出して母の耳元で「つぼどんつぼどんお彼岸参りにいこまいか　からすという黒鳥が……」と口ずさむと、「邦夫か……元気か……」と正気に返って、母が私を生まれ故郷へ連れ帰ってくれたのだった。

たしか二〇〇四（平成十六）年の秋だったか、京都府舞鶴市の国道で、台風による大雨で川の水が溢れて立ち往生した観光バスが水没してしまい、乗客ら三十七人がバスの屋根の上に避難して、十一時間後に全員無事に救助されたことを思い出した。乗客らは救出されるまで、坂本九ちゃんの「上を向いて歩こう」を歌って元気を出すように励ましあったり、「むすんでひらいて」の唱歌を歌いながら手を開いたり閉じたりなど体を動かしていたという。

親子の触れ合い会などでたびたび、わらべうた「げんこつやまのたぬきさん」で手遊びをしたり、童謡「おうま」でスキンシップ遊びをしたりしたが、保護者から自身の幼少期が思い出されて心が癒されるとよく耳にしたものだ。

世代を超えてだれもが口ずさめる歌は、人間関係を紡ぐ特効薬だ。とくにわらべうた、童謡、唱歌は、日本語の響きやリズムに合っていて心地よく心が安らぐ。歌っているうちに、子どものような感性がよみがえって、自然に元気が湧いてくる。子どもの頃にうたった歌は、父や母そして兄弟姉妹、祖父母のみならずあれやこれやと懐かしい体験を回想させてくれる。だから、「一番はじめは一の宮、二は日光東照宮……」とか「あんたがたど

こさひごさひごどこさ……」と、久々でも一堂に集まって歌いだせば、各人の笑顔が一体となって見事なハーモニーで、にわか合唱団になったりするのだ。

ちなみに私がとくに好きな童謡は、コミカルな「お猿のかごや」で、歌っているうちにウキウキして踊りだしたくなってしまう。戦後まもなく企画開催した親子の集いでは、この歌の作曲家海沼實先生と童謡歌手の川田正子・孝子姉妹を招待して、二人の「エッサ　エッサ　エッサホイ　サッサ　おさるのかごやだ　ホイサッサ　日暮れの山道　細い道……」と歯切れのよい弾んだ声が響き渡って、会場がパァーと明るく輝いたのを、つい昨日のことのように思い出す。

母の口ぐせ

真っ黒に色づいた桑イチゴを「食べんか」と差し出してくれた母の手は、桑の葉のやにで黒くなっている。母の背中は妹のよどでピカピカに光っている。弟は桑の葉を入れる大きな竹かごに入れられて眠っている。

昭和の初め、岐阜県東濃地方は不況のどん底で、生糸の仲買人をやっていた父は商売にならず困っていた。母は五人の子どもを育てるために、朝早くから夜中まで働きどおしだった。

桑をつんでも金にならず、田舎まんじゅうを作り始めた。まんじゅうが蒸しあがると、一軒一軒売りに行くようにとの母の言いつけがあった。遊び盛りの子どもがまんじゅうを売りに行く。母は「長男は意気地なしではいかん」と励まして私を外に出す。私は母の働く姿が目に映ってはずかしさをこらえて、まんじゅう売りをした。

まんじゅうを売って帰ると、こんどは風呂たきが待っていた。井戸がないために隣の家にもらい水に出かける。水バケツを二個ぶらさげて肩にかつぐ。肩が破れるようにキリリ

と痛む。風呂たきが終わると次は子守り。

母は暇をつくっては繭《まゆ》を煮て糸をひいている。熱湯の中で踊る繭を、母の指先は巧みに細い糸にしてしまう。湯気の中の母の顔が燃えているように見えた。

姉たちが夕食のしたくをしてくれる。「にぼしを食べると骨が強くなる」と言いながら、母は味の出た大にぼしを皿に盛ってくれた。私は今でもにぼしが大好きである。

母は節句になると石うすをひいては米の粉づくりを手伝わせた。私の仕事は石うすの穴に、手で米を入れることだった。石うすをひきながら母の口からわらべうたが流れてきた。

つぼどん　つぼどん　おひがんまいりに　いこまいか

からすというくろどりが……

と、口ずさみながら石うすをまわす母の顔は楽しそうだった。手を休めると「男はな、辛いことがあっても頑張らにゃ」が口ぐせだった。

厳しい母も、私が飛行隊に入隊する日が近づくと、人々を訪ねて千人針の腹巻きを作ってくれた。出征の朝、私の腹にその腹巻きを巻きながら「元気でな」と言った。

その一言に、小学生の私をまんじゅう売りに出したときの「意気地なしではいかん」が響いているようだった。
私が命あって戦地から帰郷したとき、母が私の無事を祈って氏神様に日参していたことを知らされ、母の尊さを重く有難く学ぶことができた。

（「幼児と保育」五月号別冊付録　小学館　一九八一年）

孫よりお犬さま

かつては、「十年ひと昔」といったものだが、昨今では、インターネットなどの発達で世の中があっという間に変貌して「一年ひと昔」、よく気が変にならないなと驚くばかりだ。ライフスタイルも変容して、人情、愛情、同情、友情、心情など〝情〟の希薄化した家庭や地域社会で

の暮らしが日常化してきたように思えてならない。

孫のいる祖父母世代になっても、孫に代わって、犬と散歩するのが当たり前の光景になってきた。なかには、孫に着せたいような愛くるしいお洋服をまとったワンちゃんが、しっぽをふりふりご高齢の方と歩調を合わせてお散歩中。お孫さんかなと振り返ると、モダンなベビーカーの手すりにちょこんと前足をかけたワンちゃんが、気持ちよさそうに風に揺れていらっしゃる。また、豪華客船でクルーズするのは大半が中高年の方々と聞く。生活形態がすっかり変わってしまった。

地域に子どもたちの遊ぶ声を取り戻すことが大切ではないか。私は散歩がてら自宅近くの公園へ立ち寄ったりする。ある日のこと、遊びに集まってきた子どもたちに、小石を拾って手の平にあったはずの小石が一瞬にして消えてしまう手品を披露すると、ヒエーッと仰天した子どもたちが石を探して、手品の手ほどきをしてほしいと私に群がってきたのだ。まもなくして、一メートルほど離れた先の大きな石の上に積んだ平たい小石の塔をめがけて、手品で遊んだ石を投げての石落としを伝授した。仲間のひとりの「やった!」という歓声が刺激になって、遊び集団が活気づきだした。一メートルの距離をクリアできると、子どもたちは少しずつ後ずさりしながら投距離を延ばして夢中になって遊んでいた。遠巻きに見ていたおじいさんが近づいてきて、子どもたちが石を落とすたびに手を叩いて「うまいぞ！」を連発して声援していた。遊びの輪が、世代を超えて広がっていったのだ。

二、三日して、また公園へ足を運ぶと、石遊びに興じていた子どもたちが「おじさーん！」と迎えてくれた。子どもたちは、いつ来るのかと私を待ちわびていてくれたのだった。「おじさん、また来てね」と口々に言う子どもたち全員と握手をして、「また、会おう！」と、公園を後にした。

遊びの世界は、年齢不問。老いても子どもたちと触れ合うことができる幸せをかみしめて、よーし、生涯「三宅おじさん」で通せるように頑張るぞ！

〝断捨離〟は禁句

私の本箱はごしゃごしゃだ。うっかり扉を開けようものなら、地震のあとのように、本がなだれ落ちる。整理整頓がだんだん億劫になってきた。そーっと神経を研ぎ澄まして扉を開ける瞬間、一冊も落ちなければやった！とスリルを楽しむ自分がいる。それをクリアすると、掘り出し物を探すようなワクワク感が湧き上がってくる。

奥まったところに、小学館発行の学年誌「小学一年生」十数冊を発見、ページをめくりながらあの時分を懐かしく思い出した。私はこの学年誌に、年に一話ずつ、ざっと二十五話ほど創作した物語などを掲載してもらっていた。見つけた十数冊以外で現存する物語は、複写したものばかりで、物語の掲載時期が不明だ。今更どうしようもないが、早まって肝心なものを始末してしまったと後悔している。

ついでだが、残された遺族に迷惑をかけないようにと、まだ存命の高齢者に「断捨離、断捨離」とせき立てるような風潮のようだが、まだ当分生きるつもりなのに、ばば捨てじじ捨てされるような物悲しい気分になってくる。乱雑で秩序がないようでも、歩んできた人生の証しを凝縮したごしゃごしゃだってある。整頓してみたら、気分が晴れ晴れするどころかどこへ仕舞い込んだかとイライラが募って、探す気力も失せ諦めの境地に追い込まれて、返っておボケがどんどん加速するような気がしてならない。年寄り、年寄りと邪魔扱いするな。言われた相手の気持ちを察しているようには感じられない断捨離という言葉は薄情に響いて、はらわたが煮えくり返ってきそうになる。

このあいだ、ラジオで「相当の年月がたっていたので犬小屋を新築してやったのに、飼い主の意に反して、飼い犬は古びた小屋での寝起きを続けた。そこで入り口をふさいだら、住み慣れた古小屋の屋根の上で犬が寝ていた」という話を聞いた。犬くん、あっぱれ！　よくやった。犬くんと同じように私もストライキをやるぞ。強欲といわれようが取るに足らないものでも、生きている限りまだまだ残し続けたいものがあるさ。

それよりも、この世をおさらばしてから一切合切をスパーッと断捨離してもらった方が潔くて、思い残さずさっさとあの世へ旅立てると思っているのだが……。

おっと、大口を叩いたが、遺品整理をしてもらうための断捨離代を貯めておかなくちゃ。

さんざん吐いたから、ここらで「小学一年生」に掲載した創作童話を懐かしんで気分転換でもするか……。

円空さん

山に　ゆきが　ふると、さむい　さむい　ふゆが　やって
きます。
村の　人たちは、みんな　いえの　中で　しごとを　する
ように　なります。
わらで　ぞうりを　つくったり、なわを　なったり、糸を　つむいで　はたを
おったり　します。
この　村に、ちゅうせつと　いう、はんがの　じょうずな　おじさんが　すんで
いました。
ある　日の　こと、きたない　ころもを　きた、ひとりの　おぼうさんが　やっ
てきました。
そして、ちゅうせつさんの　うちの　まえで、ほとけさまを　ほりはじめました。
なん日も　かかって　ほりおわると、

「これは、かなしんで　いる　人の　こころを　あたためる　ほとけさまですよ」
と　いって、ちゅうせつさんに　わたしました。
みごとな　ほとけさまです。この　人は　きっと、日本一の　ほりものしに　ちがいないと、ちゅうせつさんは　おもいました。
その　ころ、村では　はるに　なって、山の　ゆきが　とけると、いつも　大水が出て、みんな　こまって　いました。
ちゅうせつさんは　村の　人たちの　かなしみを、よろこびに　かえる　ために、この　おぼうさんに　ほとけさまを　つくってくれるよう　たのみました。
おぼうさんは　よろこんで、一つは　空を　にらんで　いる　ほとけさま、もう一つは　山を　にらんで　いる　ほとけさま、そして　一つは　川を　にらんで　いる　ほとけさまを　ほって　くれました。
三つの　ほとけさまを　ほると、おぼうさんは　ちゅうせつさんに　すみを　すらせました。
その　すみを　じぶんの　かおに　ぬって、かおの　はんがを　つくりました。そして　それに〝円空〟と　かくと、どこかへ　いって　しまいました。

村の　人たちは　みんな、
「こじきぼうずの　ほった　ほとけさまで、大水が　なくなる　ものか」
と　いって、わらいました。
しかし、はるに　なって　山の　ゆきが　とけても、大水は　出なくなりました。
村の　人たちは、手を　とりあって　よろこびました。
そして、田んぼや　はたけを　たがやして、いつまでも　しあわせに　くらしました。

《おわり》

（「小学一年生」二月号　小学館　一九七二年）

かみなりおにとひのき

むかし、木曽の　山おくに、健太郎と　いう　お母さん　おもいの　しょう年が、すんで　いました。
お母さんは　からだを　いためて　しまって、いたい　いたいと　いつも　かなし

んで　いるために、健太郎は　まい日　村の　おみやさんへ　おまいりしては、かみさまに　お母さんの　からだが　なおりますようにと　おいのりしました。

ある　日の　こと、神さまは、おいのりして　いる　健太郎に　いいました。

「健太郎、おにの　つのを　けずって　お母さんに　のませなさい。おにの　大すきな　さけを　手おけに　いっぱい　いれて、おみやに　はえて　いる　ひのきのそばに　おいて　おくこと。そして、おまえは　ひとにぎりの　まめを　もって、かみなりぐもに　のって　やってくる　おにを、じっと　まつのだ」

一月が　すぎ、二月が　すぎ、三月の　はじめ、おみやさんの　むこうから　むくむくと　くもが　もりあがって、あたりは　まっくろに　なって　きました。

きっと　かみなりぐもに　ちがいないぞと　健太郎は、いそいで　手おけに　さけを　いっぱい　いれて、ひのきの　そばに　おくと、くさの　中に　かくれました。

ガラガラガラ……と　音が　すると、どしゃぶりの　雨が　ふって　きました。たちまち、ガラガラガラビッシャーンと　大きな　音を　たてて、まっ二つに　われたひのきに　またがるようにして、おにが、するっと　おりて　きました。

ぴかぴかと　ひかる　つのの　はえた　あかおにでした。

あかおには　あたりを　ぎょろり　ぎょろりと　見まわして、だれも　いないと　わかると、はなを　ぴくぴく　うごかして、さけの　においに　気が　つきました。

「ありがたい。さけだ」

と　おには　手おけの　さけを　ぐいぐいと　のみほしました。

おには　まっかな　かおに　なって、大きな　いびきを　かいて、ぐうぐうと　ねむって　しまいました。

健太郎は　ふるえる　手で　大きな　木の　ぼうを　にぎって、ゴツウンと　おにの　つのを　たたきおとしました。

つのが　ぽきんと　おれて、おには　目が　くらんで　しまいました。健太郎は　おにの　つのを　ひろうと、おに　めがけて　力　いっぱい　まめを　なげつけて、いちもくさんで　いえへ　はしって　かえりました。

おには　なげられた　まめに　足を　すべらせて、どしんと　しりもちを　つくと、いそいで　かみなりぐもに　のって、山の　むこうへ　にげて　いって　しまいました。

健太郎は　さっそく　おにの　つのを　けずって、こなを　つくり、お母さんにのませました。すると、お母さんの　からだの　いたみは　とれて、げん気に　なりました。

健太郎と　お母さんは、おみやへ　いって、

「ありがとうございました。かみさまに　おれいを　したいのですが、なにを　したら　よいか　おしえて　ください」

と　たずねました。

かみさまは、

「大雨が　ふると　山が　あれて　大水に　なり、田はたが　ながされて　しまう。ひのきを　うえて　山を　みどりに　しなさい」

と　つげました。

健太郎と　お母さんは、いっしょうけんめい　山に　ひのきを　うえました。そし

て、大きく　そだった　ひのきの　おかげで　村人は　しあわせに　くらす　ことが　できる　ように　なりました。このように　して、木曽の　ひのきは　村人たちの　まもりがみになったそうです。

《おわり》

（「小学一年生」二月号　小学館　一九七七年）

お世話になった戦地に恩返し

昭和の最後の年（一九八八年）、戦死した仲間の霊を慰めたいと、マレーシアのボルネオ島・サバ州アピンアピン村を訪ねた。村長さんたちは、感動して歓迎してくれた。そして用地を提供してくれたばかりか墓地の建設まで協力してくれた。四十数年ぶりのマレーシアはすっかり変わっていたものの、村の人々の心は少しも変わってはいなかった。村の人たちの無償のご好意に触れて感激、なんとしてでも恩返しをしたいと思った。

戦時中お世話になった村長さんは亡くなっておられたが、その村長さんが設立されたキリスト教系の小学校があった。子どもたちの教室や本が不足していると聞いて、翌年、手始めに図鑑や絵本、マンガなどを四十冊ほど持って行った。山奥から二時間かけて歩いて学校へ通う子どももいて、校舎は戦後まもない日本の木造を思い出してしまった。子どもたちの教育に何かさせていただくことはないだろうかと考えた。

一九九〇年（平成二年）十二月、教室代わりにもなる図書館の建設費用にと、約百万円を村長さんに手渡した。村の青年たちがボランティアで七十平方メートルほどのプレハブの図書館を建設。翌年の五月の完工式には、子どもからお年寄りまで村民百人以上が集まってお祭り騒ぎで祝った。私に「テレマカシ（ありがとう）」と、子どもたちが駆け寄ってきて握手攻めにあった。

従軍中に親切にしていただいた記憶が、まざまざとよみがえってきた。一九四五（昭和二十）年頃、私はボルネオのケニンガウ飛行場に移動し

ていた。そこでは食糧を調達する係りを任された。アピンアピン村の村長さんに申し込んで、タピオカ芋を融通してもらうことができた。タピオカ芋を切って干してできたでんぷんを、前線で戦う部隊の食糧として送り届けた。飯ごうに水とでんぷんを入れて炊くと食べることができた。村の人たちは、日本兵が侵略者にも関わらず温かく接してくれて、貧しい暮らしの中から貴重な食糧を分けてくれたことは、一生忘れられない。

　そして終戦で捕虜収容所に送られる直前には、食べ物を持って慰問までしてくれた。また村の有力者の息子が自分の妹を嫁にしてここへ残ったらどうかと私に勧めてくれるほどだった。

　生きて帰れたからこそ、遊びの研究家〝三宅おじさん〟になれたのだ。八十五歳まで毎年、日本国内

マレーシアのボルネオ島・バサ州アピンアピン村に完成した図書館
右は入口にかけられた銘板

で寄贈していただいた絵本や写真集などの図書を携えて昔の戦地を訪問したり、現地の子どもたちに私の創作した遊びを伝授して交流を深めたりして、永遠の不戦を誓うとともに平和の尊さをかみ締め続けている。

絵本は若がえり本

書棚の奥まったところにほこりをかぶった絵本が数冊、へえーまだあるのかと、すっかり記憶から遠ざかってしまっていた絵本を取り出してみた。

タイトルは『ぐるんぱのようちえん』(西内ミナミ作　堀内誠一絵　福音館書店)、ぐるんぱは、とってもおおきなぞう。ずっとひとりぼっちでくらしてきたので、すごくきたなくてくさーいにおいもします……と、絵と照らし合わせながら読み進めていくと、リズミカルな日本語と生き生きとした絵が一体となって、グイグイと物語の世界に引き込まれてしまった。ぐるんぱが意気揚々と働きに出かけても、行く先々での挑戦があだになり追い出されるたびに「しょんぼり」を連発。ところが、失敗がものの見事に丸ごと役立つという奇跡が起こってしまうのだ。人間社会は立ち行かないことだらけ、三十ページにも満たないが共鳴し、夢や希望、期待をもたらしてくれて久々に感動した。

『しょうぼうじどうしゃ　じぷた』（渡辺茂男作　山本忠敬絵　福音館書店）も『ぐるんぱのようちえん』とともにロングセラー本だ。はしご車や高圧車、救急車は消防署の中で人気者だが、ジープを改良したジプタはだれも気にとめない。ところがある日、ジプタの活躍が山火事を防いだのだ。小さくても働き者のジプタに、思わず共感を覚える話だ。

『ちびゴリラのちびちび』（ルース・ボーンスタイン作　いわたみみ訳　ほるぷ出版）は、かわいいちびゴリラが大きく成長しても、みんなから愛され続けるストーリーが、うっとりするようなきれいな色使いの美しい絵で重厚さを増し、東京上野動物園で話題のパンダの成長と重なった。

『ひとまねこざる』（H・A・レイ文／絵　光吉夏弥訳　岩波書店）は、おさるのジョージが動物園から逃げ出して、いたずらをしては失敗をするような冒険を繰り広げる痛快な物語に、自分のガキ大将時代を懐かしく思い出してしまった。

わざわざ出かけなくてもたっぷり楽しめる傑作『どうぶつサーカスはじまるよ』（西村敏男作　福音館書店）は、観客としてきていたブタが突然指名されてしまって、なんとブタが空中ブランコに挑戦して成功し大喝采を浴びるという、奇想天外な物語。思わず気分が浮き立ってきたではないか。

絵本のページをめくるうちに、走馬灯のように子ども時代が戻ってきた。いつのまにか現実と空想の世界を自由に往来している幼な子になったような錯覚でエンジョイしてしまった。不思議な世界にいざなわれて、しばらくぶりにメルヘンチックな気分になれるとはいやはや恐れ入った。

童心に返ることは、若返り薬になって、元気がもりもりとみなぎってくる。

遊びはオール世代の宝

私は、岐阜県の美しい恵那山のふもとで生まれ育った。少年時代はガキ大将で、山に登っては天狗になり川にもぐっては河童になって遊ぶ、やんちゃな遊びの達人だった。私にとって、遊びは古里だ。

友だちと約束しながら帰った
心はあそびにとんだ
足は自然にはやくなる
玄関でピタリと止まった
ソッと戸をあける
見つからないように用心して
カバンを部屋へ放りこむ
急いで自転車にのり

門まで来てホッと一息ついた
そのとたん、二階の窓からお母さんの
声がとんできた。「英一、どこへ行くの」
ドキッとして立ち止まった
ああいけねェ、見つかった
脱出作戦、失敗に終わる

三十五年ほど前に手にした石村英一君のこの詩に強い感動を受けて、たびたびお母さん方への講演会で紹介すると、子育て真っ只中の多くのお母さんの共感を呼んだことを思い出す。

梅雨がやんでほしいとてるてる坊主を作って、雨上がりの水溜りのどろんこ遊びになり、秋にはどんぐりを拾って、こまを作ってこま回し遊びへと発展していく……。無から〝遊び〟という有への過程は、子どもが秘めている才能や能力が芽吹き開花へと導かれていく大切な活動である。遊びこそが生き生きと輝いて、発想力や創造力、協調性など豊かな人間性を育んでいく感動の人間教育なのだ。かの発明王エジソンの母親の「子どもには、時計を意識させるよりは遊びが大切である」という言葉が彷彿としてくる。

私は、子どもたちのたくましい心と体が、運動遊びや健康遊びのなかで成長していくことを念じながら、新聞紙、空き缶、段ボール箱、ビニール袋、折り紙、カレンダー、紙テープ、ピンポン玉、ボール、バスタオル、靴、イスなど、身近なものを活用して子どもたちと遊んできた。たとえばハードルに見立てた新聞紙を、ジャンプで跳び越える「新聞とび」といった、単純でいつでもどこでもだれでもお金をかけないで楽しむことをモットーに遊びを創作して、新しい遊戯学を伝道することができて感慨深い。

そして、子どもだけにとどまらず、子どもを取り巻くお父さんお母さんや祖父母、教育者、福祉関係者など、乳幼児から高齢者まで世代を超えて数々の実践活動を重ねるうちに、〝遊び〟は、子どもだけでなく、大人にとっても全身を自由に動かすパフォーマンスであることに気づかされた。

思いがけず、一九八三（昭和五十八）年に『三宅邦夫の創作あそび集成』（黎明書房）が韓国の呉英姫先生の翻訳で出版された。高齢者向けの『健康増進・生き生き体操59』（中神勝先生と共著・黎明書房）が、一九九九（平成十一）年に台湾で『活動養生青春不老』の書名になって翻訳出版されることにもなった。

遊びは、すべての人々すべての世代の、心の架け橋となる尊い文化財である。

遊びはインターナショナル

一九九二（平成四）年九月、私はアメリカ国籍を持っている戦友が住むハワイを訪ね、ボランティアをすることになった。戦友のお孫さんが通っていたという保育園で、たまたま園内で見つけた新聞紙で子どもたちに遊びを紹介した。二人の先生に一枚の新聞紙の両端を上下にピンと張って持っていただいたら的のできあがり。的の新聞の中央部をめがけて、握りこぶしで思いっきりエイッと一突きしたら、ビリッと大穴があいて、見ていた子どもたちは「ボクシング、ボクシング……」とやんやの喝采だ。我先にと子どもたちが群がってくる。一人一回だけの挑戦では気が済まない子どもたち。民族の異なる二、三歳児が「ワンスモア（もう一度）」を連発して遊びをせがんだ。

同じ遊びをその翌日に高齢者施設でも奉仕した。日系二世の方々もハッスルし、遊ぶ喜びと見る楽しさに紳士も淑女もいつのまにか幼な子に返って、また来てねと握手を求めてくれた。

戦時中、若い日本兵として東マレーシアの山奥へ転戦したときの現地の人々の親切に感謝して、小学校の校舎の隣に図書館を寄贈してからも毎年訪ねていたが、あるとき、私のリュックサックに潜ませていた手作りの円盤を子どもたちに披露。発泡スチロールを丸くくり抜いて周囲をガムテープで巻いた円盤を、広々とした運動場でかっ飛ばすと、彼方へいってしまったかと紛うほど風に乗って飛んだ。我ながら格好いいなと自賛した。それを見ていた子どもたちが一人、二人……とたちどころに教室からとび出してきて、子どもたち同士の円盤遊びに発展していった。

別のジャングルの中の小学校では、全校児童二百数十名と炎天下で集団遊びをした。運動場に集まってくる子どもたちを、上級生リーダーがまとめていた。正義感が溢れた先輩の指示に後輩たちも速やかに従い整然となって、日本のかつてのガキ大将が重なってとても懐かしい光景に映った。ついぞ先生の出番はなかった。私は戦時中に覚えたマレー語をたどたどしく操って、子どもたちを遊びの輪に引き込んでいった。すると、先生方もあっという間に子どもたちに混じって歓声をあげて走り回っていたのだった。

アメリカのカリフォルニア州オークランドの、ある幼稚園でのこと。ジュース瓶の入っていたプラスチック製の空きケースを乗り物にして遊んだ。アスファルトの園庭で空きケースを押して往復したところ、空きケースとアスファルトの擦れるゴーゴーという音が子どもたちの遊び欲をかき立てて、自分の順番が待ちきれない様子だった。英語のできない私、日本語のわからない子どもたち。言葉が通じなくても、子どもたちは、遊びを言葉にして、夢中になって楽しんでいた。遊びが終わると、私にギューと抱きついてきた子どもたちの興奮が、三十数年たっても私の心によみがえってくる。

遊びは、国境を超え、幼児から高齢者まで年齢を超え、性別までも超えて、みんなで楽しく集うことができるのだ。

子どもの生きる力

今から五十年も昔、作家の臼井吉見先生の講演会に同行したとき、先生が私に「僕は、安曇野（長野県）が大好きだ。昔は小川に鮒やどじょうが泳ぎ、畦道には子どもたちが遊び回っていた。しかし今、安曇野に立ってみても、子どもたちの遊ぶ姿がなく歓声も耳に入らない。ただ昔と同じように目に映るのは、槍ヶ岳や白馬の山々だけだ」と語られたことが、今も脳裏に焼きついている。

私の住む愛知県でいちばん大きな住宅団地も急速に高齢化が進み、今では子どもの遊び集団が成立しにくくなった。子どもたちは一人で楽しめるテレビゲームで遊び、外遊びする子どもたちの姿をほとんど見かけなくなった。かつて活発だった地域の子ども会活動も、子どもたちの世話をする大人の育成者が少なくなり、組織はあっても活動回数が減って、夏休みのラジオ体操会も一週間で終了。残りの夏休みを賑やかにしているのは、蟬の合唱だ。

現在九十二歳の私の思い出は、少年時代、夏休みになって早朝のラジオ体操が終わると、友だちと声を掛け合って、鬼ごっこやボール遊びなどの仲間遊びを始めた。何をして遊ぼうかと友だちに出会うのが楽しみで参加したラジオ体操だった。

私が各地で「遊び方研究会」を開いたり招かれたりして、以前と変わらない程度の運動遊びを行うと、近年はへたり込んでしまう教師や保育者がいて、運動遊びの伝承の難しさと大人の体力の低下を感じるようになった。子ども時代に遊びの醍醐味を十分に体験しないまま大人になってしまったのではないか。子どもたちよりも、まず大人自身に活力を！と思うのである。

私は夕方になると、自宅の近辺を三千歩ほど歩くのが日課になっている。すれ違う近所の方々に「こんにちは」と声をかける寸時が交流になり、道端の草花を見ながら歩いていると、少年時代がよみがえってくる。

夏休みになると、姉二人と父の故郷を訪ねるのが楽しみだった。父の生家まで十二キロの山道を先に歩く姉たちが、いつの間にか草むらに隠れ、奇声を発して私を脅す。道草しながらたどり着いた父の実家では、祖父が「蜂捕りに行くぞ」と地蜂捕りに誘ってくれる。細かく切った蛙の肉片を持って、松の枝にいる働き蜂を探すのは、宝探しの心地だ。肉片をつけた真綿を蜂の足につけたら、蜂を放す。いよいよここからが勝負。飛んで行く一匹の蜂を追って山道を上がったり下りたり、蜂を見失わないようにと走りに走る。祖父の忍者のような身のこなしに、必死に追いかける孫の私は圧倒され、「尊敬するじいちゃん」に映った。息も絶え絶えにやっと蜂の巣の在りかを見つけると、おもちゃの花火でいぶすようにして、親蜂を煙で麻痺させる。蜂の巣穴を掘って、さなぎがぎっしり詰まった巣の固まりをとり出して、祖父の家へ巣ごと持って帰る。祖父が早速、さなぎを佃煮にして、孫たちに振る舞ってくれた記憶がよみがえってくる。秋になれば栗の実が色づくと、木によじ登り枝をグラグラと揺すって、落ちたいが栗を拾ったり……と、好奇心旺盛な少年時代は疲れ知らずで、スリルの連続で全身を思いっきり動かした生活体験が、子どもの遊びになって、足腰だけでなく生き抜く知恵までたくましく鍛えてくれた。

あっという間の九十二年の人生だと思っているが、昔の竹馬の友も、戦友もほとんど神仏になられてしまった。太平洋戦争中に私は飛行兵として、ニューギニアやフィリピンなど南方の島々を転戦した。前線で戦う部隊の食料としてタピオカ芋をカダサン族（マレーシアボルネオ島の山地に住むマレー系住民）の部落長に融通してもらうために、灼熱の平原を一日おきに五、六時間歩いた。途中、移動中に餓死した幾人もの日本兵を目にして、我が身にも死の恐怖が付きまとった。彼らに合掌したら、気力を奮い起こして、分けてもらったタピオカ芋を部隊まで運ぶという重責だった。終戦になって日本に帰還するまで、マラリアにうなされながらも何とか生きながらえることができたのは、子ども時代に自然の中を遊び回ったお陰ではないかと、祖父母や父母、兄弟姉妹、幼な友だちなどを思い出しては、毎夕住宅地の坂道を上り下りしている。

そして今なお、ふれあい遊びや運動遊びを創作して、各地へ伝承指導の旅ができることに感謝している。これらの遊びの材料が、新聞紙やダンボールの空き箱、ジュースの空き缶、バスタオル、紙コップ、竹竿、靴などへと広がって、ガキ大将のような気分で遊びを創作するのが楽しい。

昨今は、テレビ時代に育った子どもたちが、教師になり親になっている。遊びといえば、テーマパークへ行くことやテレビゲームをすることしか

思いつかない大人に育てられている子どもたちもいる。子どもの学力や体力の序列の公表に、大人は一喜一憂して何とか向上させねばと躍起になる。遊びより勉強！　頭脳は学習塾で、体力は体操塾で、情操は音楽教室でと、まるでパッチワークのような育ちをさせられている子どもたち。しかし、人の心や体は機械の部品ではない。知育、徳育、体育のバランスが常にとれていてこそ、健全な人として成長する。それらの総合的な育ちを支援するのが、私たち大人である。

この頃では、ライフスタイルも変容して、孫のいる祖父母世代になっても、孫に代わって犬と散歩するのが当たり前の光景になってきた。なかには孫に着せたいようなかわいらしい洋服をまとったワンちゃんや、孫の振りをしたようなワンちゃんがベビーカーに乗せられている。団塊世代も次々とリタイアして少子高齢化が加速するなか、これからは〝おじいちゃん、おばあちゃんの歩んだ人生力が、これからの日本を担う子どもたちの健やかな育ちに繋がる〟と考えている。

それには、まずもって身近な親と子、祖父母と孫の愛情関係や信頼関係を再構築することではないか。そのなかでもとくに、最も親密な世代間交流として、「おじいちゃん、おばあちゃんと孫のつどい」を、幼稚園や保育園、児童館、子育て支援センター、学校、地域の子ども会、自治会などで企画し開催していただくよう提唱している。開催したある園では、はるばる九州から飛行機に乗ってやってくる祖父母を、またある園では秋田から自家用車を運転してやってくるおじいちゃん、おばあちゃんを、名古屋で心待ちにして迎える孫たちに笑みがあふれていた。楽しいふれあい遊びなどをするこのつどいが、祖父母と孫の絆を深めるきっかけとなっていることを大変うれしく思っている。

ほかにも、私は四十九年前から名古屋市立幼稚園開催の「遊びの教室」の講師を続けているが、私の遊びの伝承を通して、子どもたちが思考力や社会性、運動力、忍耐力などの〝生きる力〟を育み、子どもたちからは元気を享受して、互いに鍛え合うことのできる幸せが、私の若さの薬である。体は老いても心まで老いることはない。

（「子どもと発育発達」第十一巻 第二号 杏林書院 二〇一三年）

II まだまだ死ねんぞ

百歳に学ぶ〝潮風と尿瓶〟

三十数年も昔だったと記憶するのだが、渥美半島の林の中に住んでおられた教育者の間瀬寛作先生が、庭先から太平洋を一望できるご自宅へ私を招待してくださった。運動靴を履いて杖をついて、門前まで出迎えてくださった。腰がシャンと伸びて足取りも軽やかで、外出する訳でもないのにパリッとした背広姿だった。先生は「転ばぬ先の杖だ」と杖を玄関口に立てて、スタスタと居間へ案内してくださった。コタツで足を温めてしばらくすると、力強い筆運びで〝百寿〟と書かれた先生の署名入りの色紙をいただいた。「老年ほど楽しい。百歳でも歩いてバスに揺られて講演に出かける。天寿とは天授を意味し、天から授かった知能の開発と、天から授かった命での奉仕と完遂で、天寿を全うすることになる」と語られた。

私も、かつてお会いしたときの間瀬先生と同じ年齢になった。

間瀬先生は、「日々に感謝し、体内時計に順応しつつ快食快便快動快浴快眠そして快休を楽しみ、頭を使っても気を使うな」と諭してくださった。「渥美半島は温暖だ。

風邪知らずは、海から運んでくれる潮風のお陰。今でこそ便所が屋内にあるのは当たり前だが、昔の便所は屋外だった。とくに冬の用足しは辛かった。ねぼけまなこ状態で冷たい外気にさらされての用足しは、命取りになる危険があった。屋内に便所があっても、六十五歳過ぎたら尿瓶だ」と健康の秘訣を伺って、間瀬先生にお会いした翌日に早速、私も尿瓶を購入して、間瀬式健康法を実行し、今日に至っている。

毎晩、枕元に尿瓶を置いて眠る。夜中に催してくるとトイレへは行かないで、むっくり起き上がって尿瓶のお世話になる。用足しが終わるとすぐに布団にもぐり、いつ起きたのか覚えもなくぐっすり眠って、すがすがしい目覚めの朝を迎える。運がいいと、鳥のさえずりが目覚ましになったりする。そして引き戸を開けて、庭木に私製の水溶性肥料をジャーと撒いたら、思いっきり新鮮な空気を吸って深呼吸する。

宿泊するときも、尿瓶はリュックサックの半分を占める必需品だ。間瀬先生が潮風で風邪知らずとおっしゃっていたが、私も風邪に案外めげなかったのは、趣味の魚釣りで浴びてきた潮風の恩恵もあるのではないかとすんなり納得し、九十六歳まで海岸での釣りを楽しんでいた。

この調子で、百歳を超えてもご存命だった間瀬先生に近づけることを願っている。

僕は釣りざお

僕は、三宅おじさんのリュックサックの中に入っている〝釣りざお〟。

三宅おじさんは七十三歳でも元気いっぱい、毎日高蔵寺駅からJRの電車に乗って、名古屋駅を基点に講演や遊びの伝承で忙しい。

今年は、北は札幌で講演が終わってから、友人の幼稚園長さんと積丹半島に連れて行かれた。宿の近くの海での釣りは、カレイが二匹、次の朝は北海メバル三匹とカレイ五匹の不漁だった。

中日新聞北陸本社の事業で能登に旅をする。柳田村での講演の寸暇に、宇出津《うしつ》の港で小アジを釣る。成果は二十匹（昨年は五十匹）、から揚げを北中（中日新聞北陸本社）の同人と食べる。同人一言「酒があったら」。アジは美味である。

中日新聞東海本社の高齢者講座に同行、早朝の浜名湖で小ダイを一匹、近くの釣り人に贈呈。

釣り好きの三宅おじさんは、僕ともう八年も付き合っている。三宅おじさんはよく新しいさおを仲間に入れるが、今でも僕がいちばん好きらしい。

昨年の夏の終わり、東京の友人と二人で〝高齢者の調査〟で、徳之島へと海を渡る。そのときも僕は同行、サンゴの海は美しい。

台風のあと、三宅おじさんが釣り始めると、近くで一人のおじいさんが投網でボラをとっていた。三宅おじさんが「おじいさん、何がとれますか」とたずねると、「ボラ」と一言。「おじいさん、何歳ですか」ときくと、「百二歳」と答える。三宅おじさん、びっくりして、夜、おじいさんに長生きの話を聞きに行く。おじいさんは「長生きには青味の魚が一番、次に豆を食べなさい」と、落花生を出してくれた。生活は孫とひ孫に囲まれて楽しそう。海風で潮焼けした顔が幸せいっぱいだった。

今年の春も、戦友の墓参りで東マレーシア（ボルネオ）とラブアン島を訪れる。この島の飛行場で多くの戦友が玉砕（故豊田穣氏の著書に『北ボルネオ死の転進』あり）した。記念塔に冥福をお祈りする。

三宅おじさん、ラブアン島でもホテルの前の海でイサキを釣っては〝長生きするんだぞ〟と海に逃がしていた。

三宅おじさんには多くの友人がいて、八月下旬から夏休みをとって、友人で伝承遊びの研究者と小豆島の戦友さんを訪ねる。

戦友さんも釣りが好き。宿の前は美しい砂浜で夏も終わり、泳ぐ人もなく、釣り糸を投げるとキスがすぐ掛かってくる。美しい色のベラは食べないと言っては海に放し、夕方から戦友と東京の先生と三人でアジ釣り。堤防に腰かけて釣り糸を垂れると、小アジが入れぐい、三人で百匹余を釣る。この小アジを戦友が一夜干しにしてくれて、三宅おじさんはおいしそうに食べていた。ともかく三宅おじさんは、潮風が体に一番と、黒い顔がより黒くなるように焼いている。

子どもたちの夏休みの野外活動教室では、鳳来町の宿舎の横に流れる寒狭《かんさ》川で、参加した八十余名の子どもたちに一人二匹あての白ハエやムツバエをご馳走している。宿舎で出る養殖アユよりおいしいと大人気。

秋が深まるとまた、ハゼ釣りのおともができる。骨ぐるみ食べると骨が強くなると、釣り好きの三宅おじさんは、仕事の寸暇に、僕を働かせる。だから僕はいつも、三宅おじさんのリュックサックの中で、どこの海や川で釣りができるかなと、胸をワクワクさせている。

（「中日社友」一九九四年）

進化していく「楽しい生き方十一か条」

楽しい生き方十一か条

一　歌う人は認知症が少ない
二　手紙を書く、メモをとる
三　病気になっても病人にならない努力
四　走るより歩く
五　笑え、笑う
六　読め、読む
七　働く、働け

八　苦労をかけるより苦労を背負え
九　友だち、仲間をつくる
十　人の世話をし感謝する
十一　旅を楽しみ趣味を持つ
二十年ほど前に台湾の台北市にある中高年の方々の学びである〝高年大学〟にゲストとして迎えていただき、講演させていただく光栄に浴することができた。そこで、私の「楽しい生き方十一か条」を披露した。

すると、主宰する学長の林順源先生が、

〝十二　人の悪を許す　常に感謝し　黙って困った人を助ける〟

と一文を追筆してくださった。彼は敬虔なクリスチャンで、今も交流する無二の心友（心の友）である。

また、O市のO氏は、こんな風に補足してくれた。

健康で楽しい生き方十一か条

一　歌をうたう人は認知症が少ない（ボケない）
二　手紙を書く、メモをとる習慣を（一行でもよい）
三　病気をしても病人にならない努力
四　走ることより毎日歩くことをしよう（亀さんでよい）
五　笑うこと、みんなで笑おう（笑うは百薬の長、福が来る）
六　読む、読もう（何でもよい、ちょこっとだけでよい、気が向いた時に）
七　働く、働こう（人が動いて働くと書く＝体は動くようにできている）
八　苦労かけるより、苦労を背負おう
九　友だち、仲間をつくろう（楽しい毎日がくる、外へ出られる）
十　人の世話をし、感謝する心をもとう（皆があって自分がある）
十一　旅を楽しみ、趣味をもとう（あきたら変えればよい）

私の掲げる「楽しい生き方十一か条」を、いろいろな方々が、それぞれの人生観に照らして追加や補足をして、生かし語り継いでくださることに感激している。

体は老いても心まで老いることはない

十年前ぐらいだったと思うが、百四歳の昇地三郎先生を講演会にお招きした。生涯現役を貫く教育学者であった先生は、赤い帽子に赤い服をまといピンクのネクタイで杖もつかずに颯爽と登壇された。趣味は講演旅行で、海外へも羽ばたいておられた。脳性小児麻痺のふたりの息子さんを学校へ通わせたいと、昭和二十九年に障害児通園施設「しいのみ学園」を開設された。廃品を活かした先生考案の手づくりおもちゃは、施設の子どもたちを虜にした。人がびっくりすることを考えることがお好きな先生は、外国語にも挑戦して海外での講演にも出かけているとおっしゃっていた。食事も一口三十回かむと、食べ過ぎや認知症予防になると秘訣を伝授してくださった。

私が毎日欠かさないのは、新聞を読むこと。なかでも健康の記事やコラムは、必ず目を通す。手短でわかりやすく、最新情報を提供してくれる。

いつごろのコラムだったか〝体の健康も心の健康もそう簡単に手に入るものではない。忙しい生活の中でも時間を見つけて体を動かす積極性が大事になる〟という文章に、ほんまほんま、健康は自分の心構え次第、お金では買えないぞと我が身を叱咤激励して、今もＪＲや地下鉄の駅の階段を使うようにしている。でも油断大敵、階段を踏み外したらこの世ともおさらばになるかも……。身のほどをわきまえて手すりを握りながら一段一段を慎重に上り下りする。これが意外にも握力と体のバランス感覚の低下防止運動になってシメシメ。この頃では、エスカレーターやエレベーターにもお世話になっているが、遊園地の遊具にでも乗っているようなルンルン気分にもなって乗り心地満点で楽しい。子ども時分には動く階段なんてありゃしなかった。エレベーターは、景色の見えないロープウェーだ。エレベーターに乗り込むと黙っちゃいられない性分。自分より若そうで愛想のよさそうなご夫婦にめぐり会うと、「おいくつですか?」とずうずうしく声をかける。相手はけげんな顔つきもしないで「八十二と

八十四、おたくは？」と聞き返してくれた。「もうすぐ百」と言うと、「まあ、お若いこと……」と目を丸くしてくれて、有頂天になってしまったりする。この〝ちょっとしたウキウキ感〟が、塵も積もれば山となり、むくむくと元気になって羽ばたきたくなってくる。

私の近況でつい脱線したが、先のコラムに続きがあって〝老いても老いず、体は老いても心まで老いることはない。人は生涯青春だ！〟という九十九歳の女性に、よーし、俺もあと十年は長生きしてやるぞと欲深くなってきた。

大歓迎のお迎えと御免こうむるお迎え

一人暮らしの女性が、庭の草むしりの手を休めて、曲がった腰をゆっくりと伸ばして、一言「お迎えを待っているの」と言った。歳をたずねると「八十五よ」とためらいなく答えた。私よりもまだまだ一回り以上も若くて上品な女性だ。ご主人は十六年前に「仏様」になられたそうで、二人の息子さんは東京と名古屋で所帯を持っておられる。最近はすっかり訪ねて来なくなって、「孫の顔も忘れた」と吹っ切れたような笑顔だった。

子どもは親の面倒を見るべきだという呪縛に取り付かれて、音沙汰のない息子たちに、腹立たしさと自分の子育てへの喪失感を抱き続けてきたという女性。

そよ風に誘われて庭へ下りて草むしりをしたという。桜と会話のできる桜守の話を聞いたことがあるが、その女性は、顔を花に近づけて「美しく咲くのよ」と思わず声をかけたそうだ。すると花が「はい」と穏やかに答えてくれたというのだ。たまたま花びらがタイミングよく風に揺れて返事をしてくれたように映っただけだと思うが、初めて花との会話の楽しさを味わった瞬間だったそうだ。

花にも生命が宿っている。花はどこへも移動しないでじっと待っていてくれて、女性は庭へ出るたびにますます花が愛おしくなって、「またお迎えしてね」と話しかけているのだという。そして「花が気づかせてくれたの。人も自然の一部、自然同士の心が通じあって楽しい。お月さまともお話してみようかしら」と、はにかんだ彼女がロマンチストに見えた。

花のお迎えは大歓迎、でもこんなお迎えはまだまだ御免こうむる。

還暦　六十歳でお迎えの来た時は、只今留守と云え
古希　七十歳でお迎えの来た時は、まだまだ早いと云え
喜寿　七十七歳でお迎えの来た時は、せくな老楽これからよと云え
傘寿　八十歳でお迎えの来た時は、なんのまだまだ役に立つと云え
米寿　八十八歳でお迎えの来た時は、もう少しお米を食べてからと云え
卒寿　九十歳でお迎えの来た時は、そう急がずともよいと云え
白寿　九十九歳でお迎えの来た時は、頃を見てこちらからボツボツ行くと云え
百寿の百歳でお迎えの来た時は、ありゃ……どう云えばよいのか名講釈がない。まさか人生百年時代が到来するなんて、先人は想像だにしなかったのだろう。でもヒントがしたためてあった。〃気はながく口をつつしめば、心はまるく命ながらえる、腹たてず〃

そうだ、これを肝に銘じて、よーし百寿を突破だ！

お掃除も、れっきとした健康体操!?

私たちの大先輩に、平成四年に百歳を迎えられて国民的アイドルだったきんさん、ぎんさんがおられた。名古屋在住の成田きんさんと蟹江ぎんさんは、軽妙な名古屋弁で、百歳過ぎても愛くるしく一世を風靡した双子の姉妹でいらっしゃった。

私も百歳まで生きられるとしたら、きんさんやぎんさんにあやかりたいと思ったものだった。

ぎんさんは、じっとしていると体が腐ってしまうと自分に言い聞かせて、庭の手入れや風呂を沸かしたり洗濯物をたたんだり布団を敷いたり、自分のことはできるだけ自分でしていたそうで、ごもっとも、ごもっともとうなずけた。

私も若い頃の兵隊生活で下着を洗っていた習慣の延長で、今でも風呂へ入ると必ず下着を洗濯しないと気が済まない。他に習慣づいているのが、朝起きてからの寒風摩擦だ。気候がよければシャツを脱いで、さすが身震いする冬の時期はシャツの上から、タオルでごしごしと二、三分こすると、気持ちが引き締まってシャキッとする。クルクルと巻いて棒状にしたタオルで手足もマッサージをすると、血の巡りがよくなってくる。

それから、〝掃除〟を始める。はたきでたんすやドア、壁などのほこりを払う。置き物を傷つけないように手加減してはたき掛けするのは、意外にも神経を使う。つま先立ちになってグーンと背伸びしないとはたきが天井に届かない。昔ながらのほうきで畳のちりを掃き出したら、フローリングのモップがけ。しゃがんだり立ったり背中を丸めたり伸ばしたりという具合に体の隅々までが動きまくり、しなやかな体になる。同じ場所を繰り返し掃いたりしないよう手際よくと脳の回りもよく、おまけに気分も爽快で、掃除は健康尽くしだ。掃除が終わってひと息つくと、冬であれば体中がほんのりと温かくなってきて、しばし暖房いらずで電気代の節約にもなる。

やれやれ終わったと思ったら、腹の虫が鳴りだす。ともかく朝飯がうまい。しっかりかんで完食すると、まもなくして快便。

じっとしていないこの一連の朝の務めが、心も体も腐らないありがたーい健康体操になっているのだぞと言い聞かせて、きんさん、ぎんさんのように精を出すとするか……。

「いい湯だな」踏みとどまった地獄行き

人はだれもが、オギャーと生まれて一年ですさまじい変化を体験する。体重は約三倍に、身長は約一・五倍になって、手を使い、歩行し、言葉まで獲得し始めるからすごい。

ところが、最晩年を迎えると、老化も急激に加速するのだと気づかされた。一年前まではホテルのバスタブに湯を張って両足を伸ばして悠然と入っていたものだが、久々に一年前と同じ気分でホテルの風呂に入ったら、思わぬハプニングが起きたのだ。

バスタブから立ち上がろうとするのだが、まさか腰が抜けてしまったのか、伸ばしていた両膝が曲げられず全く立ち上がれないのだ。そんなはずはない。前日まで我が家の風呂では難なく立てたのにいったいどういうことだ。ともかくアクションを起こさねば……と、バスタブの手すりにつかまって何度も体を浮かせようと必死になるのだが、あり地獄のように吸い込まれていく感覚だ。ここで死んでたまるか。戦禍から這い上がってきたんだぞ。冷や汗が額を伝ってくる。湯気でのぼせては一大事。瞬間にバスタブの底にある栓を引き抜いて湯を全部落としてみたが、災難は重なる。バスタブの底が吸盤のようになって、尻と伸びた両足がますます強力にへばりついて、もがく足がツルツル滑る。スケートをやっている場合ではない。「万事休す、地獄行きかも……」が、ちらちらとよぎりだした。

小一時間して、部屋のドアを開ける鍵の音がする。外出から戻ってきた友人に「助けてくれー」と渾身の力を振り絞って叫んだ。細身の友人が手を貸してくれても、体はぴくりともしない。老体同士では共食いならぬ共倒れになるだけだ。友人の殺気立った電話の声に、がっしりとした体格の支配人がすっ飛んできて、ひょいと抱き上げてもらって、やれやれ一件落着。肝をつぶす人騒がせなことをしでかしたもんだ。この時ばかりは、友人と支配人が神々しく見えた。ひとりでシングルルームに宿泊していたら、翌日の朝食の時間まで発見されずにバスタブでお陀仏になっていたかもと、九死に一生を得た心地だった。命拾いできたのは、バスルームのドアを開けて入浴したこと、それにバスタブの湯を捨てたので湯煙に巻かれずに呼吸できたこと、もちろん友人とツインルームに宿泊したという、幸運が偶然にも重なったからだった。風呂での溺死のニュースを他人事のように聞いていたが、この時ばかりは、ひしひしと身につまされた。

「しあわせのおくすり」で医者知らず

私が病院で処方してもらうのは、睡眠薬と貼り薬。

昔から眠りが浅いので熟睡するには、一晩一錠の睡眠導入剤のお世話になることもある。戦時中に腰を打撲した後遺症で、腰痛の貼り薬も欠かせない。

同じ年頃の面々に比べて薬が少なすぎるのは喜ばしいことなのか、百歳ともなるともう見放されたのだろうか……。

私は、講演会に招聘してくださる先々で、私の健康法を参加者に配ってお話をしたり、健康体操を伝授したりしていた。

しあわせのおくすり
1　笑顔は心の薬
2　友だちも心の薬
3　孫の言葉も心の薬
4　先っぽの足を元気に
5　本を読む、新聞を読む
さあ！　みんなで元気体操

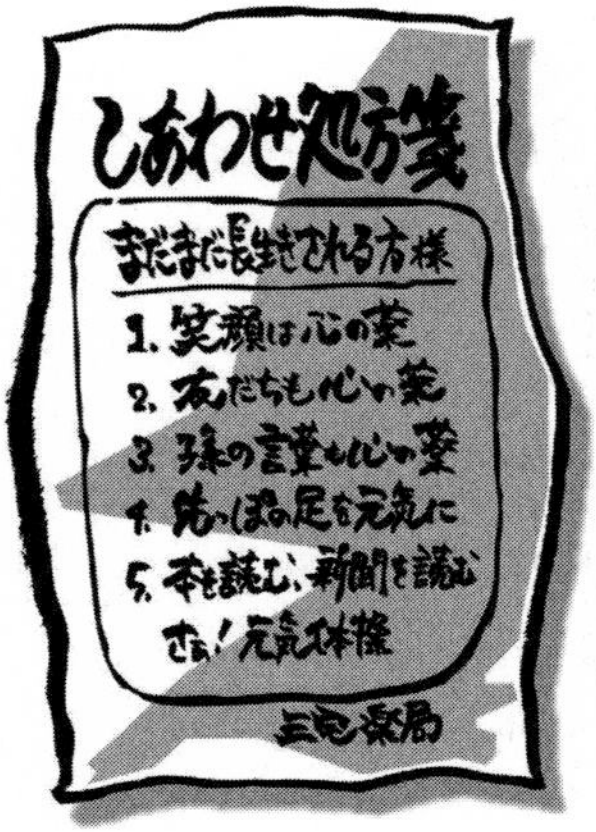

これを受けとって講演を聴いてくださった〇市の〇氏が、こんなふうに加筆して、後日返送してくださった。

しあわせのおくすり〈処方箋〉

1　笑顔は心の薬〈健康のもと〉

2　友だちも心の薬〈楽しい毎日〉

3　孫の言葉も心の薬〈若返りの秘訣〉

4　先っぽの〈手〉足を元気に〈老化は足から〉

5　本を読む、新聞を読む〈ちょっとだけでよい、好きなところだけでよい、気が向いたときでよい〉

さあ！　みんなで元気体操　〈これで「幸せ」つかもう〉

体操・遊びの研究家　三宅邦夫

O氏が補足してくださった「しあわせのおくすり〈処方箋〉」を受け取って感激した。より踏み込んでいて、グレードアップしているではないか。

「薬が少なすぎるとか、見放されたのかとか、なんたることを言うのか罰当たりめ！　ほんまに馬鹿もんだ、馬鹿につける薬はないって今ごろ気づいたのか！　医者要らず金要らずだからこそ、皆さんが喜んで手にしてくださる『しあわせのおくすり』なんだぞ。感謝しろ!!」と自己反省。

これからは、こちらの改訂版「しあわせのおくすり〈処方箋〉」を、配ることにしようと決めた。

まだ補聴器のお世話にはなりません

私は、九十五歳ぐらいから片方の耳が聞きづらくなってきた。耳の中で蟬を飼っているような耳鳴りが、聞き取りを邪魔している。医者にたずねると加齢で仕方がないと言われてしまった。

九十七歳になると、耳鳴りが気にならなくなってきた。今さら聞こえやすくしようなんて欲深いことは諦めて、耳ぜみと仲良く折り合っていこうと決めたらスーと気持ちが楽になってきた。要は耳鳴りが気にならないくらい耳が遠くなってしまったということでもあるようだ。

講演会で、参加者に「お生まれはどこですか?」と出身地をたずねるのだが、「ええ？　どこ？」と聞き返すことが多くなってきた。離れて暮らす娘たちは心配して、四十万円位する補聴器をお試しにと眼鏡屋で借りてきて無理強いする。孝行のつもりだろうが、要らぬおせっかいだと腹立たしくなる。短気は損気、カッカとしてもここは今も親らしく気持ちを切り替えグッと我慢して、腹は煮えくり返っているけど即座に「ありがとう、ありがとう、ありがとう」とにこやかにはぐらかす。この〝ありがとう〟のはぐらかしが、カァーッとなる寸前のひと呼吸でもあり、お互いの関係をよくしてくれる呪文のような言葉だ。

でも、今も全く聞こえないわけではないので、補聴器なしでも快適に生活ができている。かえって相手の言葉を聞き漏らさないように集中して聴こうとして、脳がさびないようにフル回転してくれる。それに、ちょっと避けたいような話には聞こえなかった振りをしてうまーくすり抜けるという百歳の身勝手を許してもらってもいいんじゃないのかな。

以前は目もくれなかった横並びのカウンター席のある喫茶店を利用するようになった。待ち時間が少ないので勧められるままに横並びのカウンター席に腰かけたのがきっかけだ。これが意外にも居心地がよかったのだ。向かい合って相手の顔を見ながらの会話もよいけれど、目の前の景色などを共有しながらの会話もけっこう弾んで新鮮だった。よく聞こえる耳の側に寄り添うように腰かけてもらった方が、話題が途切れず会話が楽しく盛り上がったのだ。自分の耳に手を当てて聞く仕草をしたり、相手に大きな声を張り上げてもらったりから解放されて、お互いにストレスがかからない。

そういえば、「ないしょ、ないしょ、内緒の話はあのねのね……」の歌ではないが、この頃、親子が耳元でささやきあうほほえましい光景が見られなくなったなあ。

当分補聴器はお預けだ。両耳とももっと聞こえづらくなったら、その時はその時だ。くよくよすると寿命が短くなる、なるようになるケセラセラ……。

やっぱり、補聴器より寄り添い型補聴人の方が、自分の性に合っている。

歩くことに勝るものなし

歩くことは、人間の自然の営みだ。

赤ちゃんが〝はいはい〟から立ち上がって、ふらふらとおぼつかないながらも歩きだす。転んでも、転んでも立ち上がって一歩一歩前進。〝転ぶ〟と〝立つ〟を繰り返しながら歩んで、新しい世界をどんどん広げ、見えるもの、聞こえるもの、触れるものに自ら感動し、ますます好奇心旺盛になって、赤ちゃんは目を見張るばかりの成長をするものだ。

ふと、『氷点』で名を馳せた亡き作家三浦綾子氏の「人間は転んだことは恥ずかしいことじゃない。起き上がれないことが恥ずかしい」という名言を思い出した。さて、私はといえば、今も杖のお世話にならないで、

自力で二足歩行ができているのは、戦時中の過酷な体験があったからではないかと振り返っている。若き三宅二等兵は、灼熱の南方の島ボルネオの草原の一本道を、敵の飛行機を警戒しながら半日休むことなく歩き続けた。任務を終えると、また半日かかって歩いて宿営にもどった。こんな繰り返しを何日も続けてへとへとになった。〝足、足、足〟が、命を繋いでくれたのだ。

九十六歳になって、三、四日外出もしないで、我が家にジーッと引きこもってみた。思い上がりも甚だしいのだが、回復力があるといううぬぼれから自ら人体実験だ。蟄居から解放されて玄関の敷居をまたいだ足元が心もとないのだ。引きこもった付けがきた。油が切れたように足の関節がガクンガクンとぎこちなく、地を踏みしめる感覚がまるでない。おまけに戦時中に痛めた腰をコルセットで補強しても、「おお、痛た」だ。馬鹿なことをやったものだ。こりゃいかん、取り返しのつかないことになった。早速、歩け歩け歩け！と、自分に発破をかけて歩くことを一大決心した。

趣味を楽しみ、適度な仕事、そしてボランティア、読む、書く、語ることが、脳の活性化になるとはいえ、そのためにもやっぱり足、足がすべての基本。

無理をしないで足を鍛える。それには、歩くことに勝るものなし。自分相応に歩くこと、ちなみに私は、散歩も合わせて一日三千歩位は歩くようにしている。散歩は、季節の移ろいを堪能できて最高の気分にしてくれる。散歩には道草がつきものだ。ふと足を止めると、石垣やコンクリートの割れ目から可憐な姿を現すスミレがのどかな春の訪れを知らせてくれて、軽やかな足取りになる。

散歩に出かけられないときは、家の中でも、イスの背もたれに両手を添えて、勢いづく「ラディツキー行進曲」のようなCDに合わせて一、二、一、二……と足を交互に上げ下げして足踏みする。〝その場散歩〟だ。ありゃいけねえ、どこへ置き忘れたかと家中を探し歩く〝思い出し散歩〟もスピードはダウンするが、捨てたものじゃない。記憶が呼び覚まされてやっと探し当てたときは、掘り出し物を見つけたようで感激だ。雲隠れさせてしまった携帯電話を五年経っても未だに見つけられないので、現在進行形。それと〝うろつき散歩〟もやりたくなる。テーブルやイスの周りをほっついたら、廊下を往復して畳の部屋をグルグルと徘徊するのだ。

効果は期待薄だが楽しむことが免疫力アップになると信じこんで、我流の散歩をしている。家の中での骨折がけっこう多いと聞くので、気を緩めないで集中、集中の散歩になる。つまずきそうな段差には、黄色の蛍光テープを貼ると注意喚起になると思いつきはよいけれど、面倒臭くてその気になれない。転倒防止だとはじゅうじゅうわかってはいるが、言うは易く行うは難しである。

スロー&スルーライフ

干支は、人柄を言い当てているなと思う。友人と食事をしているときに、友人は良かれと思ったら脇目も振らず突き進む傾向があると白状していた。思わず「イノシシ年?」とたずねると、そうだという返答に箸の動きが止まって笑ってしまった。

私は酉年、以前はコココ……セカセカセカ……と絶えず餌をついばむ鶏のように、仕事もぎっしりと詰めてしょっちゅう動いている方が心地よかった。そのせいか、とにかく早食いだった。でも太らないで未だに半世紀前の洋服が着られるのは有難い。

ずっと昔に出版社からいただいたドラえもんを全面に織り込んだネクタイを締めて、今でも出かけている。ドラえもんの柄が小さいのに、出会う子どもたちや女性たちは目ざとく見つけて「かっこいいー」と、私をほめそやしてくれて満悦だ。

百歳ともなると、自然な目覚め自然な眠りが快調だ。お天道様とともに起きて夜のとばりで眠る。私が子どもの頃は、ちょんまげを結った大人が闊歩していて、ランプが大事な明かりだった。蛍光灯の明かりを初めて体験したのは、戦時中出兵したマニラだった。

この頃では、たっぷりと時間に余裕をもって行動することにしている。要は老いが進行して年相応に行動がスローになり、心身ともに穏やかになってきて、言い訳がましいが日増しのゆったり感をエンジョイしているということだ。そして、そうなる前までは気づかずに見過ごしてきた成り行きが、新鮮で頼もしい発見になっている。

たとえば、ＪＲの最寄りの駅に到着すると、企業戦士たちの隙間なく突き進む後ろ姿が、まるでパチンコ玉のようにジャラジャラと改札口へ吸い寄せられていくように映るのだ。私はといえば、小走りす

る企業戦士の軍団から置いてきぼりを食って罰悪そうにオッチラオッチラと改札口へたどり着くと、手を振って迎えてくれる友人の笑顔が飛び込んできて、当てにして待っていてくれる人がいる幸せ感に思わず小躍りして嬉しさがこみ上げてくるのだ。

思い出したのだが、二十数年前、外国人を雇った友人の経営者が、都合のよくないことに直面した外国人は日本語がわからないといい逃れて、うまくかわされてしまうとぼやいていたことがあったよな。そうだよな、異国で生活するには、時にはスルーする知恵もありかと思ったものだ。

こうなったら、今は亡き京都の戦友の手紙から、立ち回り術を拝借して穏やかに機嫌よく生きていったほうが無難なようだ。

いつでも阿呆でいること、勝たないで負けること
感謝を忘れない、何言われても〝ありがとう〟を言う
ボケたらお仕舞い、よって頭と足はつかうこと

かく手紙、かける電話

気づけば、親しかった先輩や同期が鬼籍に入ってしまった。それだけ私が長生きしすぎているということだ。今では年下の友人知人への見舞いや激励をしたり、訃報を目にしたりすることも多くなってきた。

私にとって、手紙や電話は、馴染みのツールで手放せない。泊まりが伴う講演があると、書斎の引き出しに詰め込んであった年賀状の束から適当に十枚ぐらいをクリアファイルにはさんで、リュックサックにほおりこんで出かけた。

九十八歳までは、ホテルのフロントにあるPR用のはがきやコンビニで買ってきたはがきに、ご無沙汰を兼ねて一報を書いて投函していた。書いた枚数でその日の体調がわかった。調子のよいときは、一気に十通書けた。差し出す相手を思い浮かべて書いていると、近況が知りたくなって、受話器に手が伸びて電話をすると、思いがけず再会の約束が決まったりした。

一応は毎日日記をつけるようにしている。ついつい二、三日分をまとめ書きするのだが、どうだったのか記憶を手繰り寄せることになるので案外認知症予防にも役立っているようだ。でも読み返してみると、日記を書いているはずが手紙風になったり、手紙を書いているといつの間にやら日記モードなったりしている。やっぱり手紙の方が、差し出す相手がはっきりしていて断然気分が高揚して筆が進む。若い頃から変わらず万年筆で手紙を書いているが、この頃震えた字になって判読しにくくなった。受け取り人には申し訳なく思っているが、前後の脈絡から謎解きのように解読してもらえばと、相手の迷惑などお構いなしにせっせと書き続けている。

在宅時に引き出しを整理しながら過去に受け取ったハガキを読み返したり手帳をめくったりしているうちに、先方の顔が浮かんだ衝動に駆られて、ためらいもなくふいっと電話の数字キーを押したりする。不意の電話に先方の方が感激して延々と話しこまれることもあってやっぱり電話してよかったと思うこともあれば、受話器の向こうからうっとうしそうな声色が伝わってきてもう金輪際かけるものかと思うことも……。

ある初年に、「年始のご挨拶状を締めくくりとさせていただきます」という年賀じまいを受け取ったのだが、どうしたことか翌年からもその相手からの年賀状が相変わらず届いている。蘇生年賀なのだ。

昨年、ジーンと胸が熱くなる年賀状を受け取った。前年に大病をして大変だったそうだが、快方に向かっている知人から「年賀状の交流を続けさせてください。あなたを思い出す楽しいひとときになるから……」というたよりだった。

二度とかかわるまいと決めた相手から唐突に弾んだ声で長電話をしてきたり、最後通告してきた相手が年賀状を復活してきたりする。あの時は虫の居所が悪かったのかなと気を取り直して、来るものは拒まずで交流を続けている。

スマートフォンのメールをいつも気にして不眠になる人がいると聞くが、今のところ手紙や電話で眠れなくなったという苦情はなさそうなので、頭のさび防止のためにも、手紙を書いて電話もかけていこうと思っている。

百薬の長は睡眠

ある娘さんの親父さんが、かけっぱなしのテレビを子守り歌代わりにしてソファでうつらうつらと寝転がって、いつの間にかとうとう家に閉じこもりだしてしまった。〝亭主は元気で留守がいい〟をつくづく実感する奥さん。「少しは外に出て、散歩でもしたら」と奥さんに言われると、親父さんは「寝る、寝る!」と自室のベッドで潜伏生活を始めたのだ。

二週間後、心配した娘夫婦が訪ねてきて、自家用車で花見見物に連れ出したら、親父さんは「有難う。これから外に出て散歩でもしようかな」と上機嫌だった。ところが数日してまたもや自室に巣ごもってしまった。亭主にはやっぱり娘からの誘惑が一番と、奥さんは娘さんに電話をした。まもなく娘さんがやってきて「お父さん、外に出て散歩でもしたら」と言った途端、「寝る寝る!〝寝るのは百薬、昼寝は良薬〟寝てなにが悪い!」とうそぶいてベッドにこもってしまった。

娘さんと奥さんの〝親父さんのベッド離れ作戦〟会議が始まった。「そういえば、このあいだお婿さんも一緒に来てくださったら、すんなり花見に出かけたわよね」と奥さん。

後日、娘さんは、一週間後に夫婦で自宅を訪ねるからと、親父さんに直接電話をした。すると、親父さんは「婿さんも来るのか。娘に恥はかかせられん」と、昔の洋服をたんすからごそごそ引っ張り出して、鏡に映していたそうだ。洒落っ気が湧くとお披露目をしたくなるのが人の常というもののようで、意固地な親父さんに奇跡が起こった。奥さんに「ちょっと散歩に行ってくるわ……」と言っていそいそと出かけたそうだ。

親父さんのベッド離れの、はじめの一歩だ。巣ごもり返りをしないように、「あー ら、そのセーターお似合いよ。すてき！」と、うそも方便でおだてれば親父さんもさもありなん。豚もおだてりゃ木に登るそうだからという奥さんからの電話に、娘さんも大爆笑。

親父さんに少しは寝たらと言っても、「散歩、散歩！」と言い張るまでは当面、〝親父さんのベッド離れ作戦〟を続けていくという奥さんと娘さん。文殊の知恵は、三人寄らなくても二人でも案外よさそうだ。

反論する訳ではないが、親父さんの言う「寝るのは百薬、昼寝は良薬」は、全く同感だ。げに私もそうして百歳まで生きている。

かつて夏休みといえば、各地で研修会ブームの時代があった。私も講師として研修会の渡り鳥だった。幼児教育関係者などが集まっての講習が終了して、宿泊ともなると受講者と講師陣の懇親会は午前様で、参加が自由でも講師の友人たちは受講者たちと歌ったり踊ったりとサービス精神旺盛だった。

私は、はやる気持ちをグッと押さえて遅くとも午後十時半にはさっさと床に就いていた。一緒に務めた親愛なる友人たちは、二十年ほど前までにみんな冥途に旅立ってしまって、太く短くの人生だった。

寝るのを惜しむのは毒薬、百薬の長は酒よりも睡眠、昼寝はほどほど三十分、せいぜい一時間にして、命の続く限り、細ーく長ーく生きると、百歳になれる。

頭が蒸して気づいた「そのまんまがいい」

男性諸氏であれば、心密かに気にすることがある。その一つは、頭髪が薄くなることだ。ずいぶん昔のことだが、若くして毛髪が薄くなっても臆することなく丸刈りにして中日ドラゴンズで活躍していた和田選手を思い出した。ホームランを打つと帽子を高々と振って、ホームにかけ込む爽やかな姿が、今も焼きついている。

かつて、五十代半ばの友人が、額から後頭部までツルッとしてピカッと輝いていた。私の頭も完全に不毛状態になったら、彼のように磨いてピッカピカに光らせてやるぞと思いを巡らしていた。その彼にある日突然ふさふさとした黒髪が生えて、グリーンのベレー帽をかぶって颯爽と会いにやってきた。一週間前に会った時よりも十歳以上若返って格好よく見えた。なかなかやるじゃないか、憧れも込めて「若くなりましたね」と言うと、照れくさそうに「カツラ、カツラ」と耳打ちされた。それから一か月後、今度は本来の彼に戻ってツルツルの光る頭を撫でながら「頭が蒸して、蒸して、はげははげがいい」と苦笑いしていた。

頭の毛が薄くなる、シミが出る、歯も抜ける、目もうとくなる、耳も遠くなる。これらは、生き長らえた証しであってだれもが避けて通れない道筋で、ないものねだりするよりすっぱりと諦めて開き直ることも肝心か。

ならば、「老いる頭を気にするより、頭の体操をしてぼけ防止をした方がいい」が、友人の結論だった。

言えば言うほど、けがぬけることばは、なあに？（答えは、はげましのことば）、はじめは黒いのに、だんだん白くなるかみは、なあに？（答えは、かみのけ）という、なぞなぞを思い出した。さてと、懐かしのなぞなぞブックを開いてみる……。

① 上から読んでも、下から読んでも、同じ名前のかみは、なあに？
② ５本と２本が戦うと、２本が勝つものは、なあに？
③ 家からいちばん近いたべものやさんは、なあに？
④ 亀が輪になってたべるものは、なあに？
⑤ だれも嫌いとは言わないスポーツは、なあに？
⑥ きってもきっても小さくならないものは、なあに？
⑦ 人をだませばだますほど、喜ばれるのは、なあに？

ほんの一例だが、なぞなぞは、れっきとした頭の体操になるではないか。

［答えは、①しんぶんし②ジャンケン③そばやさん④わかめ⑤スキー⑥トランプ⑦てじな］

人生に正解なし、人生いろいろ

私の住んでいる街は、子どもたちの歓声がここかしこで響き渡っていた三十年以上も前まで、「ニュータウン」の名称にふさわしく若々しくエネルギーに満ち満ちていた。その頃子育て真っ最中だったお父さん、お母さんは、今では子どもたちも巣立ってしまって、「シルバータウン」と改称した方が似つかわしいほど、単身または夫婦二人で生活する高齢世代が多く居住している。時折救急車のピポピポ……という音が耳をつんざいて、大事に至らならなければよいがと祈らずにはいられなくなってきている。

以前、愛知県内の山間地域の高齢の方々への講演会に招いていただいたことがある。そこで、七十歳代の女性が「私は一人ぼっちです。息子は北海道の名寄に住んでしまって、もう村へ帰ってくることはないと思います。孫の顔が見たい、でも会うことができません」と、寂しげに語られた。その後十年ほど、親子のふれあい遊びと講演というプログラムを組んで、二日がかりでその地に点在する保育園を巡回指導させていただいた。

ある園長先生が「私の母は八十四歳。好きだった畑仕事をやめ、孫たちも大きくなって話す機会が減ってしまったら、急に自分の髪に花をつけて歩きだすようになりました。また、この地域に、たんすから出した若い頃の着物で正装し玄関先に正座して、ひたすら水戸黄門様を待ちわびる高齢女性もおられます」と話してくださった。認知症が進行したのではないかということだった。

私も他人様のことをとやかく言えなくなってきた。戦後まもなくから親しく交流していた友人S氏が突然亡くなったのだ。四か月前に一緒に食事をしたときは元気だったのに。私より十歳も若いのに、なんてこった、やるせないなあ。吹きすさぶ北風と新型コロナウイルス感染防止が重なって、葬式に参列できなかったことが悔やまれた。私の頭の片隅では彼の死を認められなくて、私とS氏との交友関係をよく知っている教え子Yさんに、たびたび「S氏が亡くなった……」と電話でこぼしていた。私が七回も八回も同じことを電話で繰り返すので、「S氏のことは、もう区切りをつけられてはいかがですか」と、Yさんにやんわりとたしなめられてしまった。それまで死に神に取り付かれていたようで、くだくだ言うのは大人気ないとハッと気づき、教え子のとどめでやっと目が覚めた。教え子は、私のかけがえのない友人になった。受容し時に喝を入れてくれる友人がいることに感謝だ。

九十二歳で亡くなられた友人Aさんは、ご自分の仕事の後継者として手塩にかけて育てた教え子を養女に迎えたのもつかの間、その養女に先立たれてしまっていた。私より十歳も若い友人T氏は、学生時代に音楽クラブでバイオリンを奏で指揮棒を振り、開業医となってやがて病床棟を建てるまでになったのに、脳の病いを患って十五年ほど寝たきり状態でいらっしゃる。

NHKで放送していた「認知症の第一人者が認知症になった！」のなかで、認知症のスペシャリストH氏は、ご本人が若い頃提唱したデイサービスへは通いたくない、ごちゃごちゃした戦場のような我が家が落ち着くとおっしゃっていた。ある番組では、認知症にならないで長生きするコツを説いておられた老人医療の名物医師がこんなことになるなんて、とご自身の療養生活をぼやいておられたり……。

思い通りにならないのが人生、それぞれの長生き模様がある。

二度と引き返せない人生。今生きているのは、生かされているからだ。百歳ともなると、余命いくばくもない。一日一日命あることに感謝して、今を大切に生きねばならない……。

生身の顔と生身の心

若い頃から公共の交通機関を足にしてきた。乗車すると、世相が垣間見えて面白い。今日はどんな光景に遭遇できるのか人間ウオッチングはワクワクする。

以前の車内は、新聞や本のページをめくるサラリーマンや学生などの姿がごく普通だった。それが携帯電話の出現で一変した。一時期、イヤホンの音漏れや化粧の行為のほかに、新聞を広げることも迷惑行為という主旨のアナウンスが車内に伝わって、何たることかとあっけに取られてしまった。この頃では、優先席であっても悪びれず若者がスマートフォンの画面に釘付けだ。なかには、ふかふかのソファにでもうずくまるように背中を丸め両足をピーンと投げ出して画面にほくそ笑む顔が不気味だったり、指をせわしく動かしてゲームに夢中になりすぎてあたふたと下車する青年にプッと噴き出したりする。

そこで、二〇一七（平成二十九）年の末頃のある新聞の記事を思い出した。米・南カリフォルニア大学による日本の中高生の子どもの調査結果では、「親は自分よりスマホの方が大切なんだ」と感じている日本の子どもが二十パーセントに上るというのだ。しかも二十五パーセントの子どもは親に対して、会話中にスマホに気を取られていると感じていたという。米国でも同様の調査をしたが、親のネット依存度は日本より高かったのに、スマホの方が大事と感じている子どもは六パーセントにとどまったという。米・スタンフォード大学のジェームス・ステイヤー氏は「日本の子どもはネットに夢中の親に、話を聞くよう言えずに我慢しているのではないか。各家庭でルール作りを急ぐべきだ」と話したとのこと。

スマートフォンは、情報収集や情報交換などでな

くてはならない便利なツールにちがいない。だが現況はどうかというと、日常茶飯事のように痛ましい事件が起きたりして、人の生命が軽んじられている。短絡的反射的な行為が、スマホの普及と無関係とは言い切れないように感じられてならない。

超高齢化が急速に進行するなか、やがて自分の親が年老いて自由が利かなくなったときに、手を差し伸べる子どもが果たしてどれほどいるのだろうかと、ふっと不安がよぎってしまった。

そうそう二十五年ぐらい前だったか、愛知県三河のある小学校の保護者講演会に講師として招いていただいたときのこと。終了後に一人のお母さんが「私の娘は小学五年生です。実は姑がベッドに寝たきりになり、オムツの生活になりました。その姑に娘は朝になると、明るい声で『おばあちゃん、おはよう、体拭こうね』と言ってタオルを温めて体を拭きます。下もきれいに拭いていきます。姑は孫にオムツを替えてもらいながら、孫に手を合わせて『ありがとう、すまない』と涙を流して孫を拝んでいます。学校から帰ると娘は『体をさするわよ。寝たきりで背中痛いね』と一生懸命背中をさすっています。うちの子は勉強はできないけど、心の優しい子です」と言って泣かれたとき、心が洗われるお話に、私ももらい泣きしたことがあった。老いて孫に寄り添ってもらうことは、極上の幸福だと学ばせてもらったなあ。

とにもかくにも、いつの世であっても変えたくないのは、生身の顔と生身の顔が向きあい生身の心と生身の心が響きあうことではないかと思う。

生涯貯金

二〇一九（令和元）年六月のある新聞に「内斜視　スマホ見すぎ影響か」という見出しで、浜松医科大学の佐藤美保病院教授らの研究グループが、短期間に片方の目の瞳が内側に寄って左右の視線がずれる急性内斜視について、子どもや若者の間でスマートフォンなどの過剰使用が影響している可能性あり、との調査結果をまとめたという記事があった。

そしてこの前後にテレビ番組でも、スマホやタブレットなどの見過ぎで溢れる情報に処理能力が追いつかず、頭の中がゴミ屋敷化してしまって、記憶力や集中力、やる気の低下と不眠がみられ、四十～五十代でも物忘れやうっかりミスが多くなってきているとスクープしていた。

その解決策としてデジタルデトックスが効果的で、ホテルでのデジタルデトックスプランを紹介していた。デトックスとは解毒のことで、人里離れた山中のホテルでスマホなど一切のデジタル機器をフロントに預けたら、時間に縛られずに読書したり景色を眺めたり散策したりなど、大自然に囲まれてゆったりと過ごす優雅なホテルライフが、デジタル汚染した脳の毒出しをお手伝いしてくれるのだそうだ。ホテルまでの交通費や宿泊費、食事代に乗馬など諸々のオプション代などを合わせると、安く見積もっても十万円では済まないのではないかと、頭の中ではじくそろばんの数字が跳ね上がっていく。

わざわざそんな遠出までしなくてもと思うが、デジタルの誘惑にはまってしまうと、デジタルとの良好な関係を保つのは至難のわざのようで、デジタル中毒からなかなか抜けられないそうだ。暇だからとりあえずスマホを見るというのも、ご法度だそうで、スマホ脳過労へ突き進んでしまうのだとか。

金なしでは生きていけないご時世、死ぬまでは生きていかねばならぬ。寿命が尽きるまで、いくばくかの備えがあると心強い。思い切って、毒出し旅行の代金十万円分を貯金に回すとするか。そして、スマホが使えないことを盾にして、これからも成り行きに任せて自宅での晴耕雨読でいくことにしよう。有り難いことに旬野菜を育てるぐらいの庭もあるし、今のところ読書欲もあるし……。

人生に悔いなし

百歳まで生きると、思い残しはあるが、やり残しはない。

一九五一（昭和二十六）年に中日新聞社に入社して、本格的に子どもの事業に取り組んだ。そのほかに、空襲で焼失した名古屋城再建の資金作りのために、名古屋に進駐していた米空軍司令部にジェット戦闘機と偵察機の展示を申し入れ、各務原飛行場に駐屯していた海兵隊本部にヘリコプターの飛行と展示を依頼して、「乗り物フェア」の開催にこぎつけた。多くの方々の協力で成功を収め、名古屋城再建基金となった。燃えてしまう可能性もある木造ではなく、コンクリートでの再建となったのだ。当時の方々の尊い善意と熱意の結晶が今の威風堂々とした天守閣になり、戦後復興の象徴になった。数年前の震災でコンクリート造りの熊本城が甚大な被害を受けたが、建て替えではなく大規模修理でよみがえらせようとこぞって汗を流しているではないか。平和を見続けてくれる名古屋城天守閣を木造で建て替える話が進んでいるが、どうか先達に思いを馳せるような良心を望みたい。

また愛知用水が計画された際、木曽の大滝村から知多半島までの航空写真を撮ることを思いつき、中日新聞社有機の使用を提案。航空写真を立案者に提供し、建設に大いに役立つことになった。木曽の清流水を口に含むと、人々のつながりを懐かしく思い出す。

そして、岐阜県恵那市出身の私は、名古屋市の加藤善三教育長と井上愛一教育委員長を西尾彦郎中津川市長に紹介。地元の有力者水野勝郎氏の尽力で、風光明媚な付知川沿いの山奥に名古屋市の子どもたちが泊り込みで野外活動を学ぶ野外教育センターの建設となった。

昔々に評論家の臼井吉見先生が私に語ってくださった話を思い出した。

「子どもは野性味があって、遊びが一番大切だ。今、安曇野（長野県）を訪ねても子どもの遊ぶ歓声が消え、小川には鮒もどじょうも泳いでいない。かつての子どもたちは群れ遊んで、魚とりをしていた。ただ目に映る常念や槍、白馬の山々が昔のままで変わらない。躍動する子どもの姿がない自然は侘びしい」

さらに、日本のロケット開発の父と呼ばれた糸川英夫先生との出会いも忘れられない。私が、新聞紙を丸めてティッシュの玉を入れ、吹き矢のようにプッと飛ばしてお見せしたら、糸川先生が「三宅君、それがロケットだよ。ニュートンみたいに、ちょっとしたことが大発見になるんだ」とおっしゃったことを、今も鮮明に覚えている。

お世話になった先輩諸氏は、みんな故人になられてしまったが、私にとって、すべてが何ものにも代えがたい出会いで、〝子どもは先生、人は教科書、旅は学校〟になっている。

私は幸福です

一九四六（昭和二十一）年春に復員してまもなく、有志とともに子どもの健全育成の大切さを弁論で訴えながら得た話し方を基に口演童話を独習し、紙芝居から人形劇、手品、音楽と、偉そうに子どもの文化を口にして、福祉論を訴えた。こうした無鉄砲な時代から、地域の子ども会づくりを経て、遊び（遊戯）の創作や指導と発表、講演で活動できるようになった。

子どもは遊びを通して、人としてかけがえのない発想力や創造力、協調性、社会性などを学び成長していく。より明るく幸せな未来のためにも、次代を担う子どもには何がなんでも遊びだ。

〝遊びは、感動の人間教育〟を柱に、私の創作した運動遊びや健康遊びは、北海道から九州まで乳幼児から高齢者まで広がって、各地の世代を超えた多くの出会いや交流が、私を育んでくれた。〝ありがとうございます〟の一言に尽きる。二〇〇八（平成二十）年には旭日単光章を受章し、翌年の秋の園遊会では、皇后（現　上皇后）美智子様から「これからも子どもに遊びを伝える仕事を続けてください」とのお言葉を賜って感激した。

百歳になった今でも変わらず「三宅おじさん！」と声をかけてくださると、背筋がピーンと伸びて、まだまだ死ねんぞと張りが出てくる。私は野球で高名な長嶋茂雄氏に面影が似ていると囁かれていたりしたので印象に残るのかな……。

私は今も、二〇一四（平成二十六）年十月二十九日の中日新聞名古屋市民版に掲載された渡部圭記者の「三宅おじさん」のコラムが励みになっている。渡部氏が市内在住七十四歳の女性から手紙を受け取ってのコラムだ。

「先月、遊戯研究家の『三宅おじさん』こと三宅邦夫さんの指導で、幼稚園児と祖父母が遊ぶ様子を紹介した市民版の記事を読み、八年前、一歳だった孫と三宅さんの行事に参加したことを思い出したという。孫の姿が写った当時の記事のコピーも添えられ、『三宅先生もお元気の様子。うれしくなって筆をとりました』と書かれていた。三宅さんは卒寿を過ぎても遊戯の指導や講演で全国を駆け回る。行く先々で、子の親だけでなく祖父母からも『昔、お世話になりました』と言われる。三宅さんが遊びの普及や親子の交流に生涯をささげようと決めたのは、出征先の南方で見た現地の幼い子どものすさんだ姿や、敵艦に体当たりする特攻機で出撃する戦友が『お母さん』と叫んだ声を忘れることができなかったからだ。『親と子、祖父母と孫には、いつも楽しく遊んでほしい』。持ち歩く財布には、その願いがかなわず戦死した仲間たちの写真が忍ばせてある」

よくもまあ長生きしているものだと、我ながら感心する。七十五歳頃から先々の講演会場で「私は、死亡適齢期です」を連呼していたが、八十四歳の健康診断で医者から「あなたのように、あなたの年齢まで元気で生きられるかなあ」とつぶやかれた。だからか、お迎えはなかなか来やしなかった。そして九十歳になってからは「あと十年で百歳」、九十一になればあと九年で百歳……と、目標を百歳と公言していた。百歳を超えたら、何てほらを吹くか目下思案中である。

「私は若い！」で百歳バンザイ！

「人生、目標を持って生きると、見違えるほどに生き生きしてくる」をスローガンにしている〇市のある地区の老人クラブは、「いきいきクラブ」と命名しているだけあって会員の方々は元気そのもの。八年前にそのお世話役のO氏が、会合の初めに全員で唱える言葉を贈ってくれた。

それからは、私も高齢者の集まる講演会で、参加者全員に必ず復唱してもらうことにしていた。それも利き手をこぶしにして斜め前方に上下に動かしながら、もう片方の手を腰に当てて、ひとことずつ噛み締めるように言っていただくと、自然と気合いが入って男性も女性も声に張りが出てきて、みるみるうちに十歳若返って見えてきてしまうのだ。

ますます生き生きする言葉の魔術、言葉の力が、若返らせてくれるのだ。私も、朝起きたら発声練習代わりに「私は若い！……」と声を張り上げ続けている。唱えればよいだけで、薬害もない元気薬だ。

九十歳は八十歳に、八十歳は七十歳に、七十歳は六十歳に、六十歳は五十歳に、五十歳は四十歳に若返れば、まだまだやりたいことがいっぱい湧いてくる。

私は若い！
私はまだ若い！
私はかなり若い！
私はとっても若い！
私はひじょうに若い！

私はものすごく若い！
誰がなんといっても若い！
絶対に若い！　断じて若い！
若いといったら若いのだ！

百歳は、まだまだまだまだやりたいだけ若くなれる!!と信じて、「健康の〝薬〟」にもお世話になりながら、やがて来るお迎えのときまで生き通してやるぞ。

健康の〝薬〟
歌は　薬である
花も　薬である
森も　薬である
海も　薬である
水も　薬である
小鳥も　薬である

お茶も　薬である
土を踏むことも　薬である
歩くことも　薬である
人も　薬である
笑いも　笑顔も　薬である
旅は　目と心の　薬である
犬も　散歩の友となり　薬である

花が美しい。森の中は空気がよい。海の潮風が体を洗ってくれる。旅に出て人々と語り、笑い、歌い、土の上を踏んで歩く。清水を口にすると「うまい」。どんなささやかなことでも、すべてが健康の薬になる。

百歳、バンザイ！

おわりに

二〇二〇（令和二）年二月二十七日、突然の全国一斉臨時休校要請からまもなく、「元気でやってますか」と、三宅おじさんからのはつらつとした電話の声にほっと一安心しました。それもつかの間、不要不急の外出自粛の緊急事態宣言が発出されて、まさかこんなことが起きるなんてと面食らっていました。

三宅おじさんとは、はや半世紀、当たり前のように講演などでご一緒したりして、しょっちゅうお会いしていたので、青天の霹靂の現実に腰抜け状態になってしまいました。三宅おじさんは、得体の知れない新型コロナウイルス感染について、「コロナがコロコロしているから当分外出は躊躇する」ということでした。ほいほいと身軽に出かける三宅おじさんにしては、聞き捨てならない意外な反応。戦争体験者でもある三宅おじさんだからこそ、今回の非常事態はただ事ではないと感じたのでしょう。

私も、受話器を取るたびに、手帳に書き込んだ予定が中止や延期でバツ印が増えていきました。が、ショックよりも出かけないですむのでコロナにおびえなくていいという安堵感が湧いてきました。

さて、コロナ禍をどう過ごそうかと思案していたら、ふと〝三宅おじさん〟がひらめいたのです。三宅おじさんにお会いできないのなら、今までの三宅おじさんを振り返らせていただこうと思ったのです。三宅おじさんは、一九二一（大正十）年一月二日生まれ、満百歳を迎えられました。

二〇一九（令和元）年の日本人の平均寿命は、女性が八七・四五歳、男性は八一・四一歳で、過去最高を更新したそうです。二〇二〇年九月には百歳以上の高齢者が八万人を超え、女性は七〇、九七五人、男性は九、四七五人です。世界でトップクラスの長寿国日本になったようですが、要介護などで日常生活が制限されないで自立して生活できる健康寿命は、平均寿命より約十年も下回るのだそうです。

三宅おじさんはといえば、「やっぱり百歳は百歳だよ」と謙遜されますが、お元気で過ごしておられます。昨年晩秋に、三宅おじさんのご自宅を訪ねて十か月ぶりに再会しました。窓からのぞく黄色の実に目をやると、三宅おじさんは、ぞうり履きですたすたと庭を歩いて手の平いっぱいに大粒の金柑をもぎ取って、お土産にくださいました。思わず、九十七歳の三宅おじさんがよみがえりました。庭の柿を取ろうと誤って脚立から落ちてしまい、骨折して病院へ直行かと肝を潰しましたが、片方の目の周りがアザになっただけでした。しばらくは片目のパンダで愛嬌があって、今では笑い話になっています。

人生百年時代が訪れようとしています。三宅おじさんについて書き進めるうちに、人生に無駄なしと心得、生かされている命に感謝して、最期まで生き通す活力がみなぎってきました。人生は出会いの連続であることを、つくづく実感します。何ものにも代えがたい三宅おじさんとの出会いとご指導が、今の私を育んでくれました。三宅おじさんに深く感謝いたしますとともに、私も三宅おじさんのように命をみがいて我が人生を歩んでいきたいと思います。

三宅おじさん、三宅おじさんとしていつまでもご壮健であられますようご祈念申し上げます。

末筆ではありますが、出版にあたっては、ゆいぽおとの山本直子編集長に大変お世話になりました。心より感謝申し上げます。

二〇二一年三月

山崎治美

三宅　邦夫（みやけ　くにお）
　遊戯研究家。一九四七年三月中日こども会を創立。子どもの福祉と文化活動、生涯教育および遊び（遊戯）の普及に努め、あわせて中高年の健康レクリエーションの創作と伝承、講演にも力を入れている。
　二〇二一年一月二日に百歳を迎えた。

山崎　治美（やまざき　はるみ）
　ふれあい遊び実践研究家。各地の乳幼児教室、家庭教育学級、保育技術の講習会、中高年の集いなどでの指導に努める。

装画・挿画・装丁　森島知子

命みがいて百歳

２０２１年４月14日　初版第１刷　発行

著　者　三宅邦夫　山崎治美

発行者　ゆいぽおと
〒４６１-０００１
名古屋市東区泉一丁目15-23
電話　０５２（９５５）８０４６
ファクシミリ　０５２（９５５）８０４７
http://www.yuiport.co.jp/

発行所　ＫＴＣ中央出版
〒１１１-００５１
東京都台東区蔵前二丁目14-14

印刷・製本　モリモト印刷株式会社

内容に関するお問い合わせ、ご注文などは、すべて右記ゆいぽおとまでお願いします。
乱丁、落丁本はお取り替えいたします。

ISBN978-4-87758-494-8 C0095

ゆいぽおとでは、
ふつうの人が暮らしのなかで、
少し立ち止まって考えてみたくなることを大切にします。
テーマとなるのは、たとえば、いのち、自然、こども、歴史など。
長く読み継いでいってほしいこと、
いま残さなければ時代の谷間に消えていってしまうことを、
本というかたちをとおして読者に伝えていきます。